Constantinopla

Vicente Blasco Ibáñez

Constantinopla
Extractos de Oriente

casimiro

casimiro [*casimiroa edulis*]

Extraído de *Oriente (viajes)*
editorial Prometeo, Valencia1919

ISBN: 979-13-87675-06-6

Índice

Cuando Constantino hizo de Bizancio la capital del Imperio y la llamó "Nueva Roma", estaba lejos de imaginarse que su propio nombre prevalecería como título de la enorme ciudad.

No hay población que pueda compararse, por su belleza topográfica, con la famosa Constantinopla, compuesta de tres ciudades: Pera y Gálata, formando una sola agrupación urbana; Stambul, que ocupa el solar de la antigua Bizancio, y Scutari, en la ribera asiática.

Para dar una idea aproximada de la situación de esta triple ciudad, hay que imaginarse una inmensa Y de forma irregular. El tronco de la Y es el final del mar de Mármara y la entrada del Bósforo; la rama de la izquierda, el famoso Cuerno de Oro, profundo brazo de mar que atraviesa la ciudad y se pierde tierra adentro; la rama de la derecha, la continuación del Bósforo, hasta dar con el mar Negro.

En el espacio comprendido entre el tronco de la Y y el final de la rama izquierda, está Stambul. En el espacio que existe entre las dos ramas, o sea en la península limitada por el Cuerno de Oro y el Bósforo, se hallan asentadas Gálata y Pera. A lo largo del Bósforo, o sea en todo el lado derecho de la Y, desde la base de la letra a su remate superior, están Scutari y demás poblados que pertenecen igualmente a Constantinopla. El lado izquierdo de la Y y el espacio comprendido entre las dos ramas es Europa; todo el lado derecho de la letra es Asia. Dos piastras –que son unos sesenta céntimos– bastan para que un vigoroso remero turco, gran maestro en el arte de sortear las corrientes que van y vienen por el enorme callejón acuático entre e] mar de Mármara y el mar Negro, os lleve en unos cuantos minutos de un continente a otro.

Las tres ciudades más importantes en la historia de la humanidad son Atenas, Roma y Constantinopla.

Grecia enseñó a los hombres el arte de pensar, el culto de la belleza, y aun hoy vivimos de sus lecciones. Las leyes y usos de Roma regulan todavía la vida moderna. Constantinopla fue la intermediaría indispensable entre el mundo antiguo y el actual, hasta el punto de que, si ella no hubiese existido, el mundo veríase privado de su más noble herencia, ignorando lo que filósofos, poetas y artistas pensaron y produjeron para nosotros hace tres mil años.

Es de uso corriente despreciar a Bizancio y desconocer la importancia histórica del Imperio de Oriente.

Es cierto que la existencia del llamado Bajo Imperio fue poco noble, por su historia de miserias, crímenes y disensiones religiosas, que acababan siempre en derramamientos de sangre. El populacho, capitaneado por monjes bárbaros y falsos profetas, mataba o moría defendiendo sutilezas teológicas que no le era dado entender. Por si los templos cristianos debían tener imágenes o privarse de ellas, por si el Hijo era más o menos que el Padre y el Espíritu Santo superior a los dos, el pueblo de las "discusiones bizantinas", saturado de nimias sutilezas de la decadencia griega, andaba a palos y cuchilladas en las callejuelas de Bizancio. Además, el Hipódromo, con los mil incidentes de sus carreras de carros, monopolizaba toda la vida nacional. El color de los dos bandos de cocheros, el verde y el azul, dividía al pueblo bizantino en dos grandes partidos, y "verdes" y "azules" ocupaban el poder a fuerza de revoluciones, derrocando emperadores y convirtiendo el circo en campo de batalla.

A todas estas desgracias se unieron las grandes hambres, los incendios, la peste y los continuos ataques de los búlgaros durante los mil años que sobrevivió el decaído Bajo Imperio.

Pero a pesar de su larga agonía, Constantinopla, centro del Imperio de Oriente, tuvo su grandeza y sirvió noblemente a la civilización. Ella guardó las tradiciones del arte griego, la legislación romana, los monumentos literarios, toda la antigüedad; y cuando en el siglo XI surgió el primer intento de Renacimiento y en el XV llegó a ser un hecho el hermoso despertar de la humanidad, de su seno salieron los hombres y las ideas que realizaron en Italia el retroceso bendito hacia la antigüedad clásica. Además, durante la Edad Media, fue Constantinopla la gran muralla que contuvo el empuje de las invasiones asiáticas. Europa, defendida por este puesto avanzado, pudo constituirse lentamente a su abrigo. La cristiandad se dio cuenta de la importancia de Constantinopla cuando, después de caer ésta en poder de los turcos, los vio avanzar en unos cuantos años hasta el corazón de Europa, siendo precisa una acción común para atajarlos junto a los muros de Viena y en las aguas de Lepanto.

Grecia, aunque mutilada por los siglos y los hombres, guarda grandezas de su pasado en el Partenón y otros monumentos; Roma conserva el esqueleto de su gloria en ruinas, casi enteras, de termas, templos y circos; pero de la antigua Bizancio apenas quedan vestigios. El turco lo arrasó todo, más que por barbarie, por afán de dominación, por celos del pasado, por su deseo de que ninguna obra antigua pudiera rivalizar con las del período de gran esplendor que vino tras la conquista. Si respetó Santa Sofía, fue para convertirla en una mezquita, borrando de ella todo signo del cristianismo griego.

Otros conquistadores no menos temibles que los turcos cayeron sobre la ciudad. En 1204, los cruzados creyeron más cómodo y lucrativo conquistar la gran metrópoli cristiana que pelear con los musulmanes de Asia, y su asalto fue terrible. En la ciudad de Constantino y Justiniano no quedó piedra sobre piedra. Los guerreros de la Cruz robaron templos y palacios, y los marinos genoveses y venecianos que conducían en sus galeras la expedición se cobraron el pasaje de la cruzada llevándose a sus repúblicas lo mejor de Constantinopla. Los famosos caballos de Lissippo, los cuatro corceles de bronce dorado que se encabritan en la fachada de San Marcos de Venecia, son un recuerdo de este gran saqueo. Cuando, expulsados al fin los cruzados, volvió a restablecerse el Imperio griego, la ciudad conservaba sus famosos monumentos, pero empobrecidos por el despojo, y antes llegó la conquista de los turcos que el nuevo florecimiento de Bizancio.

Nada queda en Constantinopla del pasado; pero ¡cuán hermosa es con su aspecto musulmán! No existe ciudad que pueda comparársela en grandeza. Londres o París son más enormes, pero el viajero se convence de esto porque así lo dicen los libros, no porque lo vean sus ojos. Es imposible encontrar en ellas una calle o una plaza que proporcione la sensación exacta de la grandeza de la ciudad. Constantinopla, en cambio, puede abarcarse de un solo golpe de vista. Basta colocarse en mitad del Cuerno de Oro sobre un caique, ligero y movedizo como una piragua, o en el Gran Puente, para admirar toda la importancia de la metrópoli musulmana. Ninguna ciudad del mundo, al decir de viajeros famosos, tiene tal aspecto de inmensidad. Su vecindario es de millón y medio de seres, pero cualquiera puede atribuirle cuatro o cinco millones.

A lo largo del Cuerno de Oro, en ambas riberas, el caserío ondula apretado sobre las colinas. En primer término se ven dos ciudades siguiendo las tortuosidades de las orillas, y sobre éstas aparecen otras, en alturas que se alejan, y más allá continúa el caserío hasta esfumarse en el horizonte, azuleando como las montañas remotas. Y cuando la vista, cansada de esa inmensidad de edificios, se vuelve hacia la extensión de agua azul, ve al través de un bosque de mástiles una ribera que cierra el horizonte, la de Asia, y en ella nuevas agrupaciones urbanas, que cubren llanuras, escalan montañas y son también Constantinopla.

La torre de Gálata, pesada y enorme, mira desde lo alto de su península al viejo Stambul, erizado de minaretes, sutiles y blancos como la plegaria del buen creyente, y en cuya cima tiembla la flecha como una llama de oro. Las grandes mezquitas son amontonamientos de plomizas cúpulas que ascienden en torno de la cúpula central, rematada por una media luna que arde bajo los rayos del sol.

¡El atardecer de mi primer día en Constantinopla!... Venía yo de contemplar a cierta distancia la santa mezquita de Eyoub, donde jamás ha puesto su pie ningún cristiano. Eyoub es un arrabal, en el fondo del Cuerno de Oro, que se conserva como lo más turco y creyente de Constantinopla. Su mezquita viene, en rango de santidad, detrás de la Meca. Las viejas del barrio, envueltas en su manto negro, escupen a los pies de todo cristiano que encuentran al anochecer en sus calles, y le desean a gritos las mayores desgracias.

La corriente del Cuerno de Oro empujaba el caique dulcemente, y el remero sólo tenía que dar débiles paletadas para seguir el viaje. Había desaparecido el sol. Los minaretes de Constantinopla cortaban con su blanca línea un cielo suave, teñido de rosa y violeta. Una estrella centelleaba en este inmenso telón de seda, como un brillante perdido. En lo alto del cielo brillaba un fragmento de luna en creciente, como la que se muestra en el escudo otomano: la media luna de los turcos.

La enorme ciudad aparecía partida en diversos términos, como los bastidores de un teatro. Los barrios inmediatos a la ribera, negros y levemente moteados de rojo por las luces de las ventanas iluminadas; los de segundo término, ligeramente sonrosados por los reflejos del atardecer; los remotos, marcándose, azulados e indecisos, como montañas, reflejando con fulgores de incendio los últimos rayos de un sol invisible en los cristales de los miradores; y sobre esta aglomeración, envuelta en el misterio del crepúsculo, los bosques de marfil de los agudos minaretes, los enormes huevos blanquecinos de las cúpulas de las mezquitas.

Un silencio sagrado descendía del cielo, esparciéndose en compañía de la sombra sobre la ciudad y las aguas. Pasábamos entre buques de guerra anclados en el puerto militar: acorazados grises de triple chimenea, cruceros de una sola cofa, esbeltos avisos, yates imperiales que aguardan la visita del sultán, el cual no los ha visto nunca.

De pronto, la roja bandera con la media luna blanca comenzó a descender de los mástiles. Sobre las cubiertas veíanse agrupadas las tripulaciones, con el fez, que iguala a oficiales y marineros. En el cuartel del Almirantazgo, la infantería de marina extendía sus pelotones a lo largo del muelle, destacándose en la penumbra la línea roja de sus cabezas alineadas.

A un mismo tiempo se conmovió la calma majestuosa del crepúsculo con gritos que parecieron rasgar el espacio como disparos cruzados. En los balconcillos circulares de los minaretes, hombres liliputienses, con turbante blanco, agitaban los brazos, acompañando estos movimientos con las modulaciones de un chillido sobrehumano. Sobre los puentes de los buques de guerra, un hombre entonaba un canto majestuoso y triste, semejante a las "saetas" de la Semana Santa en Andalucía.

"*¡La Ilah il Allah ve Moliammed resoul Allah!*", cantaban con melancolía religiosa, en el misterio del crepúsculo, los hombrecillos semejantes a hormigas, sobre los puentes de los acorazados. Los centenares de gorros alineados a lo largo de las bordas, entre las bocas de los enormes cañones y las torres blindadas, rugían al contestar como un estampido: "¡Allah! ¡Allah!" Y al ver esta fe de los desiertos asiáticos, este ardor fervoroso de los jinetes errantes de otros tiempos, repetirse a bordo de los buques acorazados, última expresión de los adelantos científicos, que repelen y destruyen con sus bocas de acero las fantasmagorías del pasado, tuve una visión exacta de lo que es la Turquía moderna: europea exteriormente, pero cuando escucha la voz del Profeta, siente despertarse en ella la misma alma de los que llegaron tras el caballo de Mohamed II a la conquista de Constantinopla.

El Gran Puente

Para el que desea conocer en conjunto la variadísima población de Constantinopla, el mejor punto de observación es el Gran Puente, que va de Gálata a Stambul.

Tiene medio kilómetro de extensión, y su piso de maderos desiguales, en los que tropieza el transeúnte, está asentado sobre pontones insumergibles, pues la profundidad del Cuerno de Oro, que en algunos lugares tiene cerca de cien metros, no permite sostenes más sólidos.

A un lado descuella, sobre el caserío en pendiente, la maciza torre de Gálata, empavesada con los pabellones de las grandes potencias, que parecen proteger los barrios europeos. En el extremo opuesto, como si cerrase el paso por la parte de Stambul, alza la mezquita de la sultana Validé sus esbeltas torrecillas y sus cúpulas con medias lunas de oro, cual una construcción de *Las mil y una noches*.

Desde el centro del Puente se abarca en todo su esplendor el espectáculo del Cuerno de Oro, grandioso puerto que lleva tal nombre por su forma curva rematada en punta y por las riquezas incalculables desembarcadas en él.

Navíos de todos los países forman una segunda ciudad flotante a ambos lados del Puente. En las primeras horas de la madrugada se abre una parte de éste para dar paso hacia el Bósforo a los grandes navíos de guerra y los vapores comerciales que anclan en el fondo del Cuerno de Oro. Los vaporcillos de viajeros para los pueblos del Bósforo, las islas de los Príncipes o Brussa, parten con gran frecuencia de los muelles del Puente. Cada cuarto de hora sale uno agitando sus ruedas, con la doble cubierta repleta de gorros rojos. Braman las sirenas, humean las chimeneas, tiemblan los pontones con el encontronazo de los veloces cascos, y sobre las aguas verdosas, agitadas naturalmente por las corrientes y que el continuo paleteo de ruedas y hélices conmueve con violento oleaje, pasan los caiques, ligeros como flechas, con una inestabilidad que les hace danzar locamente, volcando a la menor imprudencia del viajero, que debe conservarse en la popa inmóvil y medio tendido.

Los bergantines turcos, de arcaica forma, que recuerda a las galeras de la piratería, extienden sus velas amarillentas y salen cabeceando como venerables mendigos entre las elegantes parejas de yates y la revoltosa e inquieta granujería de vaporcitos "moscas" y botes automóviles, que parecen burlarse de estos ancianos del mar, pasando y repasando ante sus tardías proas. Las barcas griegas despliegan sus velas triangulares hacia los puertos del Mármara; los buques del Occidente europeo van hacia el mar Negro en busca de trigo y de petróleo. Grandes bandas de gaviotas, ebrias de sol y de azul, flotan inertes sobre las violentas ondulaciones del agua, hasta que una proa las despierta con su revoltijo de espumas cortadas, y todas ellas levantan el vuelo con ruidoso crujir de plumas. Una niebla de humo de carbón flota sobre el Cuerno de Oro en los días de calma, y por encima de esta nube parda, a la que da el sol doradas transparencias, aparecen las cúpulas y minaretes del viejo Stambul, blanco y rojo, como una ciudad de ensueño notando en el espacio.

Para ser capitán de buque o simple remero de caique en el Cuerno de Oro y el Bósforo se necesita tanta habilidad como para ser cochero en Constantinopla, donde las callejuelas se abrieron con el propósito de que pase por ellas cuando más un carruaje, y sin embargo, circulan dos en distinta dirección.

La primera vez que se navega por los citados callejones marítimos, el alma parece subirse a la garganta. El caique, mísero cascarón que apenas puede sostenerse, se pega con la mayor tranquilidad a las ruedas o las hélices de los vapores, que le hacen danzar locamente. Otras veces pasan los caiques ante la proa de un gran buque en movimiento con una precisa exactitud para no ser alcanzados. Un instante más, y desaparecerían. Los vaporcillos se van sobre los barcos de vela, y cuando parece inevitable el abordaje, pasan por su lado rozándolos, pero sin choque alguno.

Los buques, tanto de vela como de vapor, tienen que marchar en zigzag, sorteando un obstáculo a cada instante, navegando con la misma atención que le es precisa al viajero al transitar por primera vez las calles de Constantinopla. El capitán ve cerrado su derrotero por otros buques que vienen hacia él o que oblicuan su marcha cortándole el camino, y a esto hay que añadir el enjambre de caiques que trasladan pasajeros de una orilla a otra; de vaporcillos "moscas" que llevan en su popa banderas de todas las naciones; de largas góndolas blancas y doradas con remeros negros, en cuya popa se muestran damas misteriosas, cubiertas con antifaces y capuchones que sólo dejan visibles los pintados ojos. Gritan los barqueros en todas las lenguas; saltan de un barco a otro las malas palabras de todos los idiomas; chillan los silbatos, rugen las sirenas; arrastra el viento asfixiantes vedijas de humo sobre el corto y violento oleaje; álzanse unos remos contra otros con impulso homicida para vengar un descuido, un choque insignificante; a cada momento parece inevitable una colisión, y sin embargo, nadie se ahoga ni ocurren naufragios mas que muy de tarde en tarde.

A lo largo del Gran Puente han ido extendiéndose, como hongos adheridos a él, un sinnúmero de casuchas flotantes, muelles y pequeños cafés, todo miserable, de maderas carcomidas por la lluvia y el aire salino, pero con esa alegría dorada que el sol oriental comunica a las mayores suciedades.

Estos hijos del Puente cabecean con el continuo movimiento del agua removida por los buques, y parecen temblar con las palpitaciones de la extensa plataforma de medio kilómetro, por la que pasa toda Constantinopla, tronando la madera bajo las ruedas de los carruajes. Los cafetines flotantes tienen terrazas embreadas, a las que una línea de macetas de flores dan el aspecto de pensiles. Viejos turcos sentados a la oriental y con la barba descendiendo hasta el abdomen fuman el narguilé y pasan las cuentas de su rosario de ámbar, gozando al permanecer impasibles e indiferentes en medio de este movimiento loco y ensordecedor. El tropel de gorros rojos y de mujeres encapuchadas como máscaras se precipita en los muelles salientes que dan acceso a los vapores de viajeros. El suelo, inseguro, es de tablones desiguales, por entre los que puede pasar un pie, y además están cubiertos de residuos de frutas.

A ambos lados de estos muelles amarrados al Gran Puente hay casuchas que ocupan los vendedores de comidas y bebidas. Judíos que hablan un español extravagante van de un lado a otro pregonando rosarios musulmanes, sorbetes, rollos de pan espolvoreados de ajonjolí, y bizcochos, a los que llaman en Constantinopla "pan de España". En las puertas de los tenduchos se elevan pirámides de melones amarillos y enormes sandías con su verdor cortado por blancas inscripciones en árabe. En los cafetines se exhiben en primera fila las ventrudas botellas de limonada o naranja, con un limón por tapadera, y más adentro humean las pequeñísimas tazas de café turco, líquido pastoso digno de los dioses. Los perros vagabundos, que son en Constantinopla algo así como una institución pública venerada y popular, pasan por entre las piernas del gentío, mansos, corteses y silenciosos, buscando su comida.

Los extranjeros se mueven desorientados en este torbellino de gente, y si desean tomar un barco siempre llegan tarde.

Hay dos problemas en Constantinopla que el viajero no resuelve nunca y mira como un misterio: la hora y la moneda.

En Constantinopla hay dos horas: la hora "á la franca", que es la de los relojes de la Europa occidental, y la hora "á la turca", que es por la que se rigen vapores, tranvías, etc.; todo lo que depende del municipio y del gobierno.

La jornada empieza para el turco al ponerse el sol, y de aquí que todos los días los buenos otomanos tengan que arreglar su reloj, sin que ni aun ellos mismos sepan ciertamente en ningún momento cuál es la hora exacta. La medida del tiempo cambia por día y por estación. Cuando nuestro reloj "á la franca" marca el mediodía, el turco dice tranquilamente que son las cinco o las seis, así como unos meses después dirá que son las tres o las cuatro.

No hay en esto otro daño que el llegar tarde a todas partes, perdiendo trenes y vapores, o verse obligado a largas esperas; pero lo de la moneda trae mayores perjuicios.

En Turquía hay "buena moneda" y "mala moneda", y según se recibe un pago en una o en otra, la cantidad vale más o menos. Hay también moneda borrosa, que nadie toma, pero que todos procuran dar al viajero; hay papel emitido por el gobierno otomano, llamado *kaimé*, que carece de valor, y otros misterios crematísticos que requieren un largo estudio. Pero lo más original es el cambio. Exceptuando algunos cafés y *restaurants* europeos, nadie cambia gratuitamente una moneda.

En las calles importantes de Constantinopla, junto al Gran Puente, cerca de los tranvías y muelles de embarque, en el Gran Bazar y en todos los lugares de algún tránsito, existen numerosos puestos de cambiadores de moneda, antiguos compatriotas nuestros que siguen fieles a Abraham y Moisés. En Constantinopla, el que no lleva a mano "moneda menuda", aunque guarde en su bolsillo oro y billetes a puñados, como si no llevase nada. El cochero o el conductor de tranvía le hace bajar para que vaya al cambiador más inmediato, y el que despacha billetes en una taquilla o cobra peaje en el Puente le enviará al judío más próximo, sin dejarle pasar.

Cambiáis una moneda de oro, y el cambiador os da el dinero en *medjidiés* de plata, especie de duros turcos, quedándose por el cambio con una piastra, que es aproximadamente lo que un real en España. Después se os ofrece cambiar uno de los *medjidiés*, y el cambiador os entrega cuartos de *medjidié*, que son como las pesetas turcas, y se queda otra piastra. Luego cambiáis en otro sitio una de esas pesetas y se quedan otra piastra... y así, de cambio en cambio, de cada veinte francos el cambiador se queda con uno o más. El que conoce esta costumbre cambia de golpe una pieza de oro en "pequeña moneda", y tiene que ir con los bolsillos repletos de piastras y *paras*, monedas más pequeñas que botones de camisa.

La moneda de oro tomada de un judío es pérfida y peligrosa. No pasa por sus manos que no la lime hábilmente para arrancarle un poco de polvo de oro, y así, de rascuñen en rascuñón, juntando limaduras, se gana doce o quince francos "extraordinarios", según las piezas que toca durante el día. Después, en los Bancos y demás establecimientos públicos donde conocen la artimaña, someten las monedas al poso, y el incauto que las ha tomado pierde dos o tres francos.

La discusión con el "compatriota" que intenta estafaros es interesante, por la fogosidad con que se expresa y los ademanes dramáticos que acompañan a su castellano especial.

– Que por mis hixos que no te engaño, señoreto... Que toma la pieza, que yo soy un buen trocador de dinero... Que la tomes como si fuese una alahaxa... Que por mis viexos te lo juro, que antaño vinieron de allá, como tú vienes agora; porque yo, señoreto, también soy espanyol.

Los que pasan por el Gran Puente

Unos mocetones con la gordura musculosa de los turcos, vistiendo largas blusas blancas semejantes a camisones de mujer, cortan el paso al transeúnte extendiendo una mano. Son los cobradores del Puente, que exigen el peaje: diez *paras*.

Toda Constantinopla pasa por el Gran Puente. Los turcos del viejo Stambul necesitan ir a Gálata y Pera, donde están los Bancos, los Consulados, las Embajadas, los grandes almacenes, y los habitantes de estos dos barrios europeos se ven obligados a pasar a la ciudad turca, porque en ella se encuentran los centros administrativos del gobierno otomano, la Sublime Puerta, con sus ministerios e innumerables dependencias.

No hay en las grandes calles de Londres ni en los bulevares de París lugar alguno tan concurrido como el Gran Puente. La plataforma de madera tiembla bajo el rodar de los carruajes y el paso de millares de transeúntes. Aturde y ensordece el vocear de este pueblo políglota, donde el que menos habla cinco idiomas y son mayoría los que poseen más de doce. Asombra y deslumbra la carnavalesca variedad de los trajes.

Al entrar en el Puente parece éste un campo interminable de rojos geranios. Miles de gorros oscilan al marchar, sirviendo de remate lo mismo a tocados puramente turcos que a trajes europeos. Los marinos otomanos completan su uniforme, igual al (le todas las marinas del mundo, con el fez, que da una gracia exótica a su aspecto de navegantes europeos. Los oficiales, con sus insignias a la inglesa, enguantados de blanco, calzados de charol y el sable bajo el brazo, cubren también su cabeza con el gorro turco, que es obligatorio para todo súbdito otomano y para todo extranjero dependiente del gobierno.

El ejército de tierra, uniformado a la alemana, guarda también el cubrecabezas nacional, y el mismo fez escarlata sirve al último soldado que al pacha, que se muestra en caballo brioso, saltando sobre sus hombros el oro de las pesadas charreteras al compás del galope.

Sobre la nota obscura y dorada de los uniformes militares destácase la muchedumbre variadísima de Constantinopla, formada de diez y nueve pueblos distintos, que aún guardan sus usos y, sus trajes tradicionales. Pasan los árabes del lejano Yemen o los moros africanos de la Tripolitania, con sus chilabas pardas y la cuerda de pelo de camello anudada a las sienes; los croatas, que sirven de porteros en las grandes casas de Constantinopla, vestidos de rojo y azul, con gran profusión de galones y bordados, un bonetillo redondo sobre la bigotuda cabeza y un enorme revólver de Eibar atravesado en la faja; los albaneses y macedonios, con faldillas blancas, planchadas y encañonadas, sobre el traje oriental; los judíos, con la tánica a rayas de los días de fiesta, y encima un gabán de pieles, aunque sea verano; los armenios, con un pañuelo de hierbas anudado en torno del gorro; los griegos, vestidos a la europea, pero con una palidez aceitunada y unos ojos como tizones, que revelan su origen; el clero innumerable de imames, *soffas* y derviches, unos con el turbante blanco, otros con el turbante verde, recuerdo de su peregrinación a la Meca, algunos con gorros de grotesca forma, y todos ellos con el rosario de ámbar en la mano, repitiendo a cada cuenta la monótona alabanza a Alá.

La muchedumbre tiene que apartarse, abriendo sus filas a cada momento, para dejar paso a los carruajes, que avanzan veloces, o a las sillas de mano, que todavía son aquí de uso corriente: aparatosas literas, dentro de las cuales van las damas turcas a sus visitas, en los estrechos callejones.

Un pelotón de jinetes, carabina en mano, escolta a un coche que todos saludan. Es el Gran Visir que va a la Sublime Puerta. Tras él pasan varios cargadores armenios, no menos temibles que un vehículo, pues marchan abrumados por pesos inauditos que no les permiten mirar ni apartarse.

En Constantinopla es donde se ve con asombro hasta dónde pueden llegar las fuerzas del hombre. Por algo dice el proverbio: "Fuerte como un turco." La estrechez de las calles y el respeto amoroso que siente el otomano por los animales son causa de que en Constantinopla se hago todo a brazo: el comercio, las mudanzas, etc. Se ven venir por el Gran Puente pilas de cajas que parecen marchar solas, pues apenas si se distinguen entre ellas y el suelo unos pies entrapajados y un fez, tras el cual suena un bufido de asfixia.

Yo he visto a un cargador armenio echarse un piano a la espalda, en una mudanza, y emprender la marcha, vacilante bajo el peso, pero sin detenerse un momento. Los hombres, abrumados por este esfuerzo sobrehumano, caminan a ciegas, y el público tiene que huir de sus fatales encontronazos.

Por el centro del Puente se abren paso de pronto, con las manos cruzadas sobre el estómago, en una actitud frailuna de mansedumbre, varios señores vestidos de negro. Llevan la elegante levita de corte, llamada *stambulina*, sin solapas y cerrada como una sotana, que es aquí el traje de ceremonia. Tras ellos marcha lentamente una carroza que todos saludan, y en su interior se ven varias damas envueltas en velos blancos, o un caballero de gorro rojo con bigotes a lo "kaiser". Son señoras del harén imperial que vienen a comprar a la ciudad, con un séquito de empleados palatinos, o alguno de los innumerables hijos, hermanos o sobrinos del Sultán.

Con aire de superioridad se abren paso a codazos unos negros elegantemente vestidos del mismo color de su piel, con la *stambulina* de ceremonia y el fez muy recto sobre las pasas de la crespa cabeza. Tienen las piernas larguísimas, el cuello es enorme, y en su rostro chato e insolente hay algo de infantil y meticuloso, que hace imaginar una vida de chismorrees, intrigas y murmuraciones. Cuando abren la boca sale de sus gruesos labios un chillido estridente, semejante al del pavo real;

algo extrahumano, falso y grotesco, que hace reír e irrita al mismo tiempo. Son personajes que viven aparte, y a los que mira la gente con cierto respeto; son eunucos del palacio imperial o de los harenes de los grandes pachas, que, habituados a su existencia entre beldades misteriosas y grandes magnates, parecen tristes y descontentos cuando se dejan ver en las calles de Constantinopla.

Algunas veces van sentados en el pescante de un coche de lujo, en cuyo interior ríen y comen dulces cuatro beldades turcas vestidas con trajes parisienses de la *rue de la Paix*, y con el rostro cubierto por una finísima nube de gasa, que realza engañosamente sus facciones pintadas. Estas mujeres de pacha, que van a las grandes tiendas de Pera, son turcas modernas que hablan francés e inglés, tocan el piano, leen novelas "psicológicas" con cubierta amarilla traídas de París, y conocen todas las seducciones de la vida europea... todas, menos el adulterio, que es aquí imposible, no por falta de ganas, sino por la vigilancia brutal, continua e incorruptible, que nadie consigue vencer, por más que digan e inventen poetas y novelistas.

Las turcas más modestas, esposas de musulmanes pegados a la tradición que viven en Stambul, o las simples mujeres del pueblo, van a pie, vistiendo amplios

trajes semejantes a dominós de gruesa seda adamasca-
da, negra, roja, verde o azul. Por las amplias mangas de
esta envoltura asoman los brazos de la blusa interior,
encintada y vaporosa. Las manos enguantadas sostienen la sombrilla y el bolso. La abertura del capuchón
que corresponde al rostro tiene un teloncillo de seda
negra a modo de máscara, que en unas es tupida e inac-
cesible a toda mirada y en otras diáfana y atrayente,
como una invención de la coquetería.

La calidad de estas mascarillas permite apreciar el
valor de lo que se oculta detrás, aun antes de verlo.
Regla general: todo velo espeso esconde una vieja dama
o una fea desfigurada por las horribles enfermedades de
Oriente. Al través de los velos claros se encuentra siempre alguna cara de criadota española o de monja fresca,
con triple barbilla, carrillos de luna arrebolados por el
colorete y unos ojos hermosos, de vaca tranquila,
agrandados por tiznajos negros.

La moral y la decencia son frágiles invenciones
humanas, que cambian con la mayor facilidad, según
los tiempos y los pueblos. Estas damas turcas, para las
cuales es una indecencia levantarse el velo ante otro
hombre que su legítimo señor, y a las que vigila en todas
partes la terrible policía otomana para que no cambien
una palabra con el extranjero, se arremangan la falda-

menta hasta más arriba de la rodilla, aunque no llueva, y muestran con la mayor naturalidad sus pantorrillas enormes, con medias a rayas, multicolores y chillonas, que, según dicen los comerciantes de aquí, proceden de Cataluña.

Estas máscaras encapuchadas y misteriosas, bajo la luz del sol que caldea los maderos del Gran Puente, dan un atractivo novelesco a la multitud. Las mujeres circulan entre el gentío con la mayor tranquilidad, sabiendo que nadie osará mirarlas, que todo musulmán bajará la vista para no verlas, como el que evita una acción vergonzosa, y por esto, cuando se encuentran sus ojos con los ojos audaces del europeo, unas, las más hermosas, sonríen con cierta turbación, y otras crispan su cara, indignadas, encabritándose su fealdad bajo el acicate religioso.

De toda la multitud cosmopolita que diariamente circula por el Gran Puente, el más simpático y cortés es el turco. Yo no entiendo su lengua, pero los ademanes constituyen un idioma inteligible y claro para el extranjero, que, privado del habla, observa con mayor atención. Además, los que conocen el turco elogian con entusiasmo la cortesía y mesura de este pueblo grave, un tanto triste, pero bueno y generoso. No hay idioma, según ellos, que contenga iguales expresiones de afecto. La madre turca habla siempre a sus pequeños dándoles el nombre de flores o graciosos animales; el hombre tributa al extranjero o al amigo los más extremados elogios, al par que le da hospitalidad y protección.

La caridad cristiana de los pueblos occidentales, que tienen las calles llenas de mendigos y deja morir de hambre a muchos infelices, es bien poca cosa considerada desde Constantinopla. Aquí los pobres son muchísimos miles, y sin embargo, sólo se encuentran pordioseros en el Gran Puente o en los alrededores de alguna mezquita, y éstos nunca son turcos, sino griegos y judíos. El pobre es sagrado para el turco, y no se contenta con darle unos céntimos, abandonándolo después, satisfecha la conciencia, sino que le abre su casa y le da cuanto necesita. En este pueblo generoso, que tiene la noble manía de la protección, todos los pobres están "colocados", todos cuentan con una casa a la que se adhieren como si fuese suya.

De los actos exteriores del otomano, el que más admiro, como suprema expresión de nobleza, es el saludo. Los europeos no sabemos saludar. Cogemos el sombrero, lo levantamos con más o menos rudeza, sonreímos, y ya está hecho todo. El turco es un verdadero artista de la cortesía. Su gorro rojo es inconmovible. Se lo pone al levantarse y no se despoja de él ni un instante hasta la noche. Descubrirse la cabeza es la mayor descortesía y algo así como una blasfemia religiosa. Quitarse el cubrecabezas para saludar significaría lo mismo que si un europeo se despojase de un zapato para dar la bienvenida a una señora. Esta necesidad de mantener el fez recto e inmóvil sobre la cabeza, como si estuviese metido a tornillo, ha confiado a la mano y a los ojos todo el saludo.

¡La noble dignidad oriental de los turcos al encontrarse!... La mano, que parece hablar, desciende a la rodilla, y de allí se remonta al corazón, pasando luego a la frente, al mismo tiempo que el cuerpo se inclina con majestad y los ojos expresan el respeto y la alegría del encuentro, con un arte y una gracia que ningún europeo puede imitar.

De vez en cuando, entre esta muchedumbre que transcurre por el Gran Puente se ven ojos negros de mirada inquietante, perfiles de aves de presa, sonrisas melosas que hacen llevar las manos a los bolsillos, gentes corteses que infunden pavor.

Constantinopla es el gran vertedero del continente. Aquí se ocultan y se pierden los más temibles aventureros. Turquía es un pan blando en el que vienen a hincar el diente los lobos más temibles del mundo.

Esos turcos de aspecto inquietante, que sólo son turcos por el fez que llevan en la cabeza, inspiran miedo con sobrado motivo... Son europeos, y el europeo es lo peor de Turquía. [...]

LOS PERROS

Antes de conocer Constantinopla, cuando yo evocaba en la imaginación la gran ciudad oriental, reconstruyéndola con arreglo a ciertas lecturas, lo primero que veía eran los perros, los famosos perros de la metrópoli turca.

Muchas cosas que amaba por los libros no las he encontrado al llegar aquí. Unas han desaparecido bajo las huellas del tiempo; otras eran mentiras poéticas, que jamás tuvieron realidad. Pero los perros, los célebres perros, aquí están, como en otros siglos, llenando las calles, obstruyendo las aceras, dificultando el paso de los vehículos, sin casa, sin amo, sin otro medio de subsistencia que el respeto tradicional y la ternura que siente el turco por todos los animales.

¿Quién no ha oído hablar de los perros de Constantinopla? Hasta hace pocos años eran la única policía urbana de la gran ciudad, el cuerpo de limpieza pública encargado de que las calles no quedasen totalmente obstruidas por carroñas de animales y montones de estiércol. Ahora, la influencia europea ha logrado que la triple ciudad de Constantinopla, o sea Stambul, Pera y Scutari, tengan tres municipios, compuestos exclusivamente de ciudadanos turcos, que velan a su modo por la limpieza de las calles. Hay barrenderos indolentes y carretillas de riego para las principales vías; mas no por esto los perros han perdido sus antiguos privilegios. Al anochecer, de todas las casas arrojan a la vía pública el estiércol y los desperdicios; acuden los perros; la noche entera pasa entre ladridos, mordiscos y estrépito de lucha en torno del festín, y a la mañana siguiente los barrenderos "quitan la mesa", llevándose lo que no han podido devorar estos pupilos de Constantinopla.

Venecia tiene sus palomas, que han vivido y procreado durante siglos a expensas de la República, como una institución nacional.

Constantinopla tiene sus perros, respetados por el turco con cierta superstición, como si su suerte fuese unida a los destinos del pueblo otomano en el suelo de Europa.

Vinieron, según la tradición, desde el fondo del Asia, siguiendo al ejército turco. Cuando éste tomó a Constantinopla, los perros se aposentaron en las calles y en las ruinas, considerando a la enorme ciudad como conquista propia. Eran perros vagabundos y guerreros, acostumbrados a toda clase de privaciones; perros de soldado, sin dueño fijo, acariciados y mantenidos por todo un ejército; animales de campamento hechos a la vida común, a buscarse el sustento por sí mismos. Dentro de Constantinopla continuaron su vida de vivac. Su parte de gloria en la gran hazaña turca, su muda colaboración en la marcha de siglos, desde el centro de Asia a las bóvedas de Santa Sofía, la cobran estos animales con el respeto de todo un pueblo, con una consideración popular que parece elevarlos casi al nivel del nombre.

Yo me los imaginaba feos, hirsutos, flacos, amenazantes, con colmillos babosos de rabia y ojos amarillentos de fiebre: una especie de leopardos urbanos que hacían peligroso el tránsito por las calles de Constantinopla. Me sorprendí al verlos por primera vez, gordos, lustrosos, de una belleza ruda y silvestre, con hocicos y gestos de lobo, pero de buen lobo, cortés y juguetón, con un pelo de color de miel, lavado por las lluvias. Son de regular alzada; muestran unos colmillos de espeluznante blancura; casi os derriban cuando se alzan sobre las patas traseras para acariciaros, y sin embargo, a nadie inspiran miedo. Peléanse entre ellos con encarnizamiento de fieras: todos llevan en su cuerpo señales de mordiscos; un combate de dos perros es algo horrible que pone en conmoción a toda una calle, y a pesar de esto, basta que un niño les amenace con un palo, para que se retiren; basta que un turco les largue una patada, para que huyan sin revolverse, pasando del rugido feroz al lamento lacrimoso. Saben que su subsistencia depende del hombre y lo respetan como a un dios que dispone de sus vidas. Rara vez atacan a las personas; nunca se ha conocido la enfermedad de la rabia en estos vagabundos, y cuando muerden, muy de tarde en tarde, a los transeúntes, casi siempre son mujeres las víctimas de sus ataques.

¿Cuántos perros vagabundos existen en las calles de Constantinopla? Nadie lo sabe. Los más parcos en sus cálculos dicen que 80.000, Otros los hacen ascender a centenares de miles. Un comerciante francés ofreció al gobierno otomano una enorme cantidad para exterminar los perros y aprovechar sus pieles. Un buen negocio industrial, según parece. El vecindario turco se indignó. ¡Matar sus perros! ¡Exterminar a los fieles camaradas de los conquistadores de Constantinopla!...

Los extranjeros van por las calles con grandes pedazos de pan para obsequiar a estos pupilos de Turquía. Así como en la plaza de San Marcos las damas viajeras tienden sus manos llenas de trigo a los palomos venecianos, desapareciendo envueltas en una nube de plumas palpitantes y picos acariciadores, aquí se las ve hundidas hasta las rodillas entre pelos rojizos, hocicos babeantes y rabos inquietos, partiendo un mendrugo con los enguantados dedos y arrojando pellizcos de pan a las fauces glotonamente abiertas.

Causa admiración el orden de esta república perruna, falta de gobernantes y de leyes escritas, pero sometida, por el instinto de vivir, a una disciplina social. Muchas veces, al abandonar yo el comedor del hotel, recolecto en todas las mesas pedazos de pan olvidados, tarea en la que se me adelantan con frecuencia otros viajeros. Salgo a la calle y me rodea un grupo de perros estacionados frente a la casa: la familia o tribu a la que corresponde por derecho tradicional este trozo de vía. Ni ladridos ni empujones de impaciencia. El jefe de grupo, el patriarca, el guerrero, alcanza en el aire el primer pedazo y va a situarse lejos de los suyos, vigilando la calle para evitar que ningún intruso se ingiera en el banquete. Mientras tanto, la familia va cogiendo al vuelo los otros pedazos, siguiendo un turno riguroso, sin que a nadie se le ocurra adelantarse a otro y arrebatarle su parte. De vez en cuando se aproximan otros perros, azuzados por el hambre, queriendo introducirse en el grupo, y una ruidosa batalla pone en conmoción a la calle entera.

El guerrero, erguido sobre las patas traseras, hace frente a los invasores, y pelea él solo, mientras la tribu come. Aullidos, mordiscos, lucha a brazo partido, pues los perros de Constantinopla combaten poniéndose de pie y agarrándose como hombres, al mismo tiempo que dirigen a la cara del enemigo las acometidas de sus colmillos. Cuando el peleador sale ensangrentado del encuentro, se tiende en el arroyo, y toda la familia le rodea, con aulladora gratitud, lamiendo horas y horas sus heridas.

Marcháis por una callejuela seguido de varios perros que os husmean las manos y se empinan hasta vuestros bolsillos con la esperanza del pan. De pronto, os veis solo. Los perros quedan atrás, y no os seguirán por más que intentéis atraerlos con silbidos y exclamaciones cariñosas. Están en los límites de "su jurisdicción"; han llegado al término del trozo de calle que les pertenece, y no pasarán de allí. Otros perros os salen al encuentro, os acarician, os siguen, hasta llegar al término de su territorio, y allí os dejan rodeados por una nueva tropa canesca. Así, de escolta en escolta, podéis correr por la noche toda Constantinopla. Cuando estalla una tempestad de ladridos, es que un grupo ha osado introducirse en terreno enemigo. Cuando la riña feroz conmueve el barrio, es que un perro vagabundo, sin familia y sin domicilio, es atacado por los burgueses de la raza, gente de bien, amiga del orden, que no puede tolerar tales faltas de disciplina social. El bohemio canino que vaga por Constantinopla acaba inevitablemente sus días asesinado y devorado por las familias honradas de su especie.

Según es la calle, así es el aspecto de los perros acampados en ella. En las vías modernas más elegantes de Pera y Gálata, donde están las grandes tiendas de bisutería, ropas, muebles y libros, los perros ofrecen un aspecto lamentable: flacos, piojosos y lanudos, mirando melancólicamente a las enormes lunas de los escaparates, tras las cuales se exhiben cosas hermosísimas, pero que no sirven para comer. En las callejuelas turcas, llenas de inmundicias y de pequeños puestos de comestibles alineados en el arroyo, el perro es alegre, juguetón y de sano aspecto.

Dice un antiguo refrán turco: "Si mirando se aprendiese un oficio, todos los perros serían carniceros."

No hay carnicería de Constantinopla que no tenga ante la puerta unos veinte o treinta perros, todos en fila, sentados sobre el cuarto trasero, silenciosos, con una gravedad de gentes bien educadas, fijos sus ojos en el dueño con expresión de súplica, y abriendo la roja garganta a impulsos de insinuantes bostezos. Aguardan lo que caiga, y lo que cae las más de las veces es una mano de latigazos, pues el carnicero turco acaba por enojarse con esta tertulia muda que obstruye la puerta de la tienda y hace tropezar a los parroquianos.

En medio de las bandas de perros que corretean por las calles a la caída de la tarde y duermen enroscados en las aceras a la hora del sol, se ven animales grotescos y repugnantes, tristes caricaturas de su especie. Unos llevan los ojos saltados; otros el lomo partido por sanguinolentas dentelladas o el hocico medio devorado y con un morro pendiente. Son recuerdos de sus batallas con los compañeros de raza. Otros caminan a saltos, con una pata rota vuelta hacia arriba, o arrastran por el suelo su inmóvil parte trasera, como si fuesen extraños lagartos. Las ruedas de un vehículo les han dejado así, a pesar del respetuoso cuidado con que los turcos tratan a los animales. El cochero de Constantinopla, antes prefiere volcar que aplastar a los perros. Los carruajes se defienden a cada instante o dan bruscos rodeos para salvar sus vidas. Pero estos animales, habituados a un respeto tradicional, abusan de él, durmiendo tranquilamente en mitad de las calles de más tránsito.

Cuando una perra lanza su prole en plena vía pública, el buen turco saca un cajón, un tonel, un gran cesto lleno de paja, y lo coloca en mitad de la acera para que sirva de cuna a los recién nacidos. La gente tiene que dar un rodeo y bajarse de la acera, desafiando el peligro de los coches; la circulación se dificulta e interrumpe, pero nadie protesta ni mueve el obstáculo. Sálvense los animales, aunque perezcan las personas.

Las primeras noches de estancia en Constantinopla son horribles. Los viajeros buscan en los hoteles las habitaciones interiores, lejos de la calle. Ladridos toda la noche; batallas en torno de los montones de estiércol; concierto de aullidos cada vez que pasa un trapero con un farol o cuando un transeúnte les parece sospechoso. Las noches de luna, Constantinopla se estremece con ruidosas y feroces contorsiones. Hasta las piedras parecen ladrar al astro de la noche. Al fin, el viajero adquiere oídos turcos y se duerme arrullado por esta tempestad de ladridos como podría dormir bajo el susurro de las olas o la brisa perfumada de un jardín lleno de ruiseñores.

¡Las obscuras tragedias que se desarrollan en esta sociedad animal, regida por el misterioso idioma de la mirada y el ladrido! ¡Las leyes crueles e inexorables de esta república de los perros!...

Una tarde fui al santo barrio de Eyoub en un vaporcito, siguiendo el Cuerno de Oro en toda su extensión.

Un perro flaco, triste, de mirada dulce, pasaba y repasaba durante el viaje entre las piernas de los viajeros. Al abordar al pontón de Eyoub, intentó deslizarse oculto entre el gentío, pero un estrépito horripilante estalló de pronto, asustando a las buenas turcas encapuchadas que salían del vapor. Más de una docena de perros se arrojaron sobre el recién llegado como bestias feroces, mordiendo de veras, "tirándose a matar", buscando su cabeza con los agudos colmillos. El pobre can, como si esto no le sorprendiese, como si fuera algo esperado, corrió a refugiarse en el barco que volvía a Constantinopla.

Pasé la tarde en Eyoub. Al anochecer esperé en el pontón la llegada del barco que iba a hacer su último viaje a la ciudad. Llegó el vapor, y entre la avalancha de viajeros intentó pasar el mismo perro. Pero otra vez salieron a su encuentro los enemigos, con terrible acometida de aullidos y mordiscos, y tuvo que refugiarse de nuevo en la cubierta.

¡El triste regreso hacia Constantinopla! En vano di pan al mísero animal. Comía con avidez de hambriento, pero sus ojos iban hacia Eyoub, que se perdía en el fondo del Cuerno de Oro con sus cristales inflamados por la agonía del sol; hacia Eyoub, al que le atraía el instinto, y en el que no podía desembarcar. Cuando llegamos, ya de noche, al Gran Puente, el pobre perro se alejó, a la luz de las estrellas, para refugiarse entre dos tablones y esperar el primer vapor de la mañana, emprendiendo de nuevo su viaje. Y al día siguiente comenzaría su triste peregrinación, sin otro resultado que mordiscos y una fuga vergonzosa; y al otro y al otro lo mismo; y aún estoy seguro de encontrarle si emprendo el viaje; y así vivirá hasta que muera o lo maten; empujado hacia la santa barriada de Eyoub por un buen recuerdo del pasado, y detenido siempre por la ferocidad implacable de unos enemigos que ladran y muerden, tal vez a impulsos de una antipatía de raza, de una venganza de familia o de un obscuro drama de animalidad inferior... ¡Quién sabe!

LOS DERVICHES DANZANTES

El muro oriental de la mezquita de Bakarié, en las afueras de Eyoub, está rasgado por grandes ventanales con celosías encristaladas, y a través de ellas, mientras llega la hora de los oficios, veo cabrillear, bajo la lluvia de oro del sol del mediodía, las aguas azules, densas y como muertas del Cuerno de Oro, allí donde éste se confunde con las llamadas Aguas Dulces de Europa.

45

De vez en cuando, como una visión cinematográfica, pasa por la extensión azul que tiembla más allá de los ventanales una lancha de vela con un cargamento de mujeres, o un caique blanco y dorado con damas envueltas en obscuro dominó, llevando como escolta de honor, junto a los remeros sudorosos, una esclava negra.

Adivino que desembarcan en el muelle de la mezquita, invisible para mí. Después pasan otra vez estas mujeres misteriosas ante los ventanales, pero a pie, siguiendo lo largo del muro, como actrices que cruzan el fondo de una escena dejándose ver sólo por los huecos de la decoración.

A cada entrada de éstas crece el zumbido de conversaciones y risas que se escapa de todo un lado del piso superior de la mezquita, galería cerrada con espeso enrejado, tras el cual asisten a la fiesta las mujeres turcas.

Yo estoy en lo que pudiera llamarse el coro de la mezquita: una tribuna de madera sobre la puerta de entrada, frente a los ventanales que dan a la ría azul y al lado de la galería enrejada, tras cuyas celosías se adivinan vagamente los mismos bultos blancos y negros e iguales movimientos de curiosidad misteriosa que en una iglesia de monjas.

Es miércoles, y la respetable cofradía de los derviches danzantes va a celebrar la fiesta en Bakarié, que es su templo más importante en Constantinopla. Los viernes dan otra "representación" en pleno barrio de Pera, en una mezquita perdida entre edificios europeos, rodeada de cafés y tiendas modernas, interrumpida muchas veces la solemnidad del rito por el pitar de los tranvías y los gritos de los vendedores de periódicos. Es una fiesta para los extranjeros de paso; algo semejante a las diversiones pintorescas que organiza la Agencia Cook para que los viajeros se enteren de las costumbres tradicionales de un país, a tanto por ejecutante.

En Bakarié, la fiesta religiosa no tiene otro público que los devotos, y asiste a ella el Cheik, sacerdote jefe de los derviches danzantes. Bakarié sólo atrae a las gentes del país. Es una mezquita perdida entre risueños cementerios y jardines abandonados en las afueras de Eyoub, barrio extremo de Constantinopla, donde no vive ningún europeo, donde subsiste la santa mezquita cerrada e inabordable a todo infiel durante siglos, donde es molesto a ciertas horas transitar por las tortuosas callejuelas, pues las viejas fanáticas, encapuchadas de negro, escupen con entusiasmo religioso a los pies del cristiano y le siguen con un barboteo senil de palabras incomprensibles, en las que sólo se adivina la palabra "perro" seguida de misteriosas maldiciones.

En el coro de la mezquita de Bakarié no hay otro europeo que yo. Me siento como avergonzado por las cien miradas de curiosidad desdeñosa que adivino tras las espesas celosías y por el gesto impasible de los músicos sentados junto a mí, que parecen no haberse enterado de mi presencia. Ocupo una silla mugrienta, algo coja y con el asiento de paja próximo a desfondarse, único mueble europeo que el sacristán, tras larga rebusca, ha podido encontrar en la mezquita. Los músicos se sientan en el suelo, con las piernas cruzadas, sobre esteras de fresca y amarilla limpieza, y todos ellos visten el traje de los derviches danzantes: largas túnicas de pesado paño rojo, verde, blanco o azul, y sobre ellas un manto negro. Sus caras barbudas, bronceadas, feroces, de cejas hirsutas y ojos con manchas de color de tabaco, parecen empequeñecerse, abrumadas bajo la enormidad del respetable gorro que sirve de distintivo a la cofradía: un cono truncado de fieltro gris, sin alas y sin otro saliente que un ligero reborde circular. Algo así como una maceta de flores de barro cocido puesta boca abajo. Unos tienen en sus manos la flauta turca y soplan en ella ligeramente, haciendo sordas escalas para convencerse de la bondad del instrumento; otros colocan junto a ellos los *darhoukas*, pequeños timbales que sirven de acompañamiento. Los cantores abarcan entre sus rodillas unos catrecillos de madera que sustentan el libro abierto, de amarillento papel, con caracteres negros y rojos.

Miro al fondo de la mezquita. Las columnas de madera que sostienen las galerías superiores están unidas por una barandilla blanca y roja. Entre esta barandilla y los muros se hallan las tumbas de los derviches de la cofradía que murieron en olor de santidad, catafalcos de paño verde, apolillado por el polvo de los siglos, y con enormes turbantes que usaron en vida los varones bienaventurados. Entre las tumbas, sobre frescas esteras de junco, se sientan en cuclillas o se arrodillan descansando el cuerpo en los talones todos los fieles que acuden a la fiesta: gruesos tenderos de Eyoub, burgueses venidos en barca desde Constantinopla, jardineros de las cercanías, marinos de los acorazados turcos eternamente inmóviles en el Cuerno de Oro, todos con los zapatos en la mano y el fez erguido sobre la frente.

Las barandillas de las cuatro columnatas cierran el centro de la mezquita, formando a modo de un gran salón de baile con el pavimento de madera, limpio, encerado y brillante. Allí están aguardando su hora los sagrados ejecutantes de la fiesta, los derviches, acurrucados en el suelo, formando tres filas, frente al Cheik, que ocupa él solo la parte de Oriente, sentado en una piel de cordero. Envueltos en sus mantos negros, que forman en torno de ellos amplio embudo, e inclinando a impulsos de la meditación el alto gorro que cubre su cabeza, parecen extraños insectos que se repliegan para saltar de pronto sobre una presa invisible.

Un cantor se ha puesto de pie y avanza con el libro abierto hasta la barandilla del coro. Su manto, al entreabrirse, deja descubierta una gruesa túnica anaranjada, de pliegues rígidos: una prenda venerable, con la respetabilidad de varias generaciones sacerdotales, y que parece tejida al mismo tiempo de lana y de plegarias. Es un joven barbilampiño y rubio. Su pescuezo blanco se hincha y colorea de sangre con los esfuerzos de la voz de falsete. Una ruda protuberancia del cuello, la nuez de la garganta, se agita convulsa, sube y baja, marcando las modulaciones de la voz.

La plegaria tiene el ritmo de un canto oriental, monótona, soñolienta, de misteriosa lentitud, retardándose cada palabra con reflexivas pausas, prolongándose con repeticiones e interminables gorjeos, como ciertas canciones de Andalucía.

Los derviches, abajo, con la frente en una mano y el codo en la rodilla, parecen soñar, replegándose cada vez más dentro de sus embudos negros, empequeñeciéndo-se con el reconcentramiento de la meditación.

¿Qué dice la plegaria?... Nada. Interminables alabanzas a Alá invisible, señor del universo, misterioso justiciero sin forma material ni otra imagen que los dorados caracteres árabes de elegantes rabos que lucen en la mezquita sobre el fondo verde de redondos escudos; nombres de sultanes que, agrupados en lista cronológica, son como la historia del pueblo turco. Y sin embargo, esta oración, cuyas palabras carecen de mérito literario y sólo tiene el encanto de la música adormecedora, causa en el auditorio un efecto de recogimiento sincero que rara vez se encuentra en los ritos occidentales. La voz del cantor parece hipnotizar a los oyentes. Los fieles, con la mirada perdida y el cuerpo rígido, empiezan a moverse sobre su cintura, siguiendo con un vaivén cada vez más enérgico las palabras del derviche. Los rostros se colorean como si reflejasen las llamas de una combustión interior. Las narices se dilatan, y en los ojos brilla como chispa perdida un punto de luz azulada y misteriosa. De vez en cuando, un rudo suspiro se escapa de estos pechos contraídos por la emoción religiosa. El europeo, solo y aislado en esta mezquita lejana, entre la vehemencia silenciosa de unas ceremonias que parecen resucitar siglos lejanos, bárbaros y belicosos, se siente invadido por la inquietud.

Calla el cantor, cierra el libro, se retira remontando sobre sus hombros anaranjados el negro aleteo de su capa, y una música tenue y dulce, un suspiro pastoril se extiende en el silencio profundo de la mezquita, donde los hombres parecen cuerpos sin alma.

Es una flauta. La media hora de meditación que precede a la danza sagrada la llena el gorjeo de este instrumento bucólico. El músico, inmóvil entre sus compañeros en cuclillas, que parecen maniquíes, hincha sus carrillos, enrojece, suda con el continuo esfuerzo, pero al mismo tiempo sus ojos mates, perdidos en éxtasis, delatan el fiero orgullo de tener pendiente de su soplo el fervor de los fieles y de los santos hermanos de cofradía.

El tierno vagido del instrumento parece enardecer a los orientales, creyentes de una religión en la cual la ausencia de estatuas y pinturas litúrgicas obliga al devoto a un continuo esfuerzo imaginativo para representarse los poderes ultraterrenos. Los fieles de la mezquita de Bakarié sueñan en pleno mediodía, bajo la luz de las ventanas llenas de azul y de sol, mecidos suavemente por los lentos trinos de la flauta.

¿Qué ven en sus ensueños? Huéspedes nada más del continente civilizado, europeos de paso, obligados a soportar una vida moderna extraña a sus costumbres y su tradición, su pensamiento va al más viejo de los mundos, a la venerable y misteriosa Asia, cuyas montañas casi pueden contemplarse desde los ventanales de la mezquita. El pastoril instrumento les hace ver los amarillentos rebaños escalando lentamente las colinas tostadas de la Siria y ramoneando sus hierbas olorosas; el fresco pozo del desierto, al que llega el rudo jinete, mezcla de pastor y de pirata de la llanura, saludando a la doncella envuelta en velos que extrae el cubo con sus brazos redondos, en los que tintinean anillos de bronce; los arenales del Yemen, obscuros a la caída de la tarde, por cuyo horizonte pasan las filas de camellos, como cabeceantes y gibosos monstruos, sobre el cielo inflamado de rojo; los grupos de palmeras que ondean sus penachos de verdes plumas en los oasis que marcan el camino solitario hacia la Santa Meca; las tumbas venerables de Medina, cubiertas de polvo secular y ostentando entre andrajos de oro las pesadas cimitarras de los guerreros de Dios; las plácidas callejuelas de Damasco, de húmeda sombra y cerrados jardines; las rojizas y pedregosas colinas de Jerusalén, sobre las cuales parece haber pasado el soplo de hoguera del Gran Implacable; Bagdad, con sus mezquitas de cúpulas partidas y sus bazares como pueblos, adonde acuden las caravanas portadoras de fantásticas riquezas; Bassora, cuyos marineros desnudos pescan la perla: toda la gloria y todo el esplendor, latentes aún, de la raza semita, despreciada o perseguida por los hombres modernos, y que, sin embargo, un día, siguiendo las palabras de paz de Jesuhá, el hijo del carpintero, se hizo dueño de medio mundo, y siglos después, repitiendo los gritos de Mohamed, el hijo del camellero, se enseñoreó del otro medio.

Un nuevo espectador de la fiesta se sienta junto a mí. Es un oficial de la escuadra turca, un joven teniente de navío, con su uniforme inglés, modificado únicamente por el gorro rojo que cubre su cabeza. Los galones de oro de la bocamanga, rematados por un óvalo, brillan sobre el paño azul obscuro de la levita. Entre el alto cuello de inmaculada blancura, que refleja los objetos inmediatos como un espejo, y la nítida pechera de su camisa, resalta la corbata anudada, de seda negra, con una gruesa perla. Lleva en la mano sus zapatos de charol, y sus pies huellan la alfombrilla de junco con unos calcetines de seda. Al pasar, parece sonreírme con los ojos como a una persona que no se conoce, pero que se ha visto con frecuencia. Todas las noches le encuentro en el barrio europeo de Pera, en el teatro de Petits-Champs, donde actúa una compañía de opereta francesa. Unas veces lleva su uniforme, otras viste de *smoking*; y mientras se atusa los empinados bigotes "a lo kaiser", mira amorosamente, a través de sus lentes de oro, a las *cocottes* de diversas nacionalidades que pululan en Constantinopla, y habla con ellas en diversos idiomas. Se adivina que ha vivido en París y en Londres, que es un marino de largos viajes... en tierra, un secretario de comisiones internacionales, un agregado militar de Embajadas. ¿Qué extraña curiosidad le guiaba a la mezquita de Bakarié?...

Se sentó en el suelo, cruzando sus piernas, oprimiéndolas con las manos para aproximarlas más al tronco. Escuchó inmóvil la plegaria del cantor, y poco a poco su cuerpo empezó a moverse con un balanceo creciente, lo mismo que los otros fieles. Luego el susurro de la flauta le sumió, como a los demás, en profunda meditación.

Cuando volví a mirarle, sus lentes habían caído sobre el pecho. Un arrebol de sangre coloreaba su rostro, antes pálido. Su pelo lustroso y plano a los dos lados de la raya central parecía alborotado por un espeluznamiento de cólera. Su ancha nariz turca, nariz de caballo leal y arrogante, ensanchábase palpitante, como si oliese pólvora. Sus ojos miopes, al encontrarse con los míos, reflejaron una extrañeza hostil y salvaje. El azul uniforme, con sus insignias europeas, parecía despegado de su cuerpo.

Aquel marino era la personificación de la Turquía europea, que se apropia los inventos modernos, copia la organización alemana, habla todos los idiomas de los pueblos civilizados, y adopta las modas de París... pero guardando bajo este exterior su alma asiática.

Me imaginé al amigo de las *cocottes* de Petits-Champs, al marino casi inglés, al elegante agregado de Embajada, al que yo creía un escéptico y alegre vividor, escuchando a un imam que proclamase la guerra santa; y vi al asiático despojándose de golpe de su complicado disfraz de europeo y agitando en la punta del sable una cabeza cortada, lo mismo que los grandes capitanes de Mohamed blandían sus cimitarras tintas en sangre para demostrar la unidad de Dios.

En el coro de la mezquita de Bakarié, el flautista sagrado sigue improvisando trinos o lanza agudas y gimientes notas, mientras abajo, acurrucados sobre el lustroso pavimento, meditan los derviches danzantes.

De pronto suena un golpe sobre la madera. Es el Cheik que ha salido de su inmovilidad, dejando caer las dos manos sobre el suelo, como si fuese a desplomarse. Un sonoro redoble contesta a este movimiento. Todos los derviches dejan caer igualmente sus manos a un mismo tiempo, quedando a gatas, con el enorme gorro junto al suelo.

Al gemido de la flauta se unen los *darboukas*, que baten una marcha lenta, cortada por endiablados repiquetees, y al compás de esta marcha, los derviches se yerguen y emprenden un lento paseo a lo largo de las barandillas. Al erguirse han dejado caer los mantos obscuros, y quedan al descubierto sus trajes de ceremonia, cada uno de uniforme color, pero abarcando en su variado conjunto todas las tintas del iris.

¡Extraña vestimenta que haría reír en otro lugar, y a la que da cierto respeto el gesto solemne de las barbudas cabezas, iluminadas por el fuego hostil de unos ojos de fanático!... De cintura arriba son hombres, con chaquetilla a la turca, alto chaleco y faja rayada. De cintura abajo son mujeres, arrastrando una falda amplísima de rígidos pliegues, que roza el entarimado con crujidos de pesadez.

Avanzan descalzos, contoneándose ligeramente al compás de la marcha, con los brazos cruzados sobre el pecho y las manos extendidas junto a los hombros. El Cheik camina al frente de la hilera, marcando las ceremonias del lento paseo. Al llegar junto al Mirab, gira sobre sus talones y saluda profundamente al derviche que le sigue, con tan profunda inclinación, que las dos caperuzas de fieltro se tocan. Los demás repiten el mismo saludo. Al pasar ante la barandilla, tras la cual están las tumbas de los santos varones de la orden, se reproduce igual ceremonia.

Tres veces da vuelta a la sala la procesión de los derviches, y este desfile dura mucho tiempo, con la rígida lentitud que es para los orientales el signo más imponente de la majestad. Los pies descalzos se mueven incesantemente al compás de la música, pero sin adelantar apenas. Por fin, el Cheik, al pasar por tercera vez ante el Mirab, queda inmóvil en el centro del muro oriental, con los brazos en el pecho, destacando su figura sobre los vidrios iluminados de una gran ventana.

Los derviches, formados en larga fila, parecen bailarinas que se preparan a lanzarse, haciendo piruetas, hasta el borde de un escenario. Poco antes, al despojarse de los mantos sombríos y aparecer en todo el esplendor de sus vestiduras deslumbradoras, recordaban a las danzarinas de ciertas óperas que surgen de entre bastidores como negras brujas, y de pronto, abandonando sus disfraces, muéstranse luminosas, envueltas en gasas y colores rosados.

Los instrumentos del coro adoptan un ritmo semejante al del vals, y al repiqueteo de los tamborcillos y el dulce ganguear de las flautas se unen las voces de los cantores, que entonan una salmodia bailable, monótona y chillona, sin otra variación que el cambio de tono al final de cada estrofa.

Avanza un derviche hacia el gran sacerdote, lo saluda con reverente inclinación, como pidiendo su venia, el Cheik le contesta con ligero gesto, y el sagrado danzarín empieza a girar sobre sus talones con una velocidad cada vez mayor, añadiendo a este vertiginoso movimiento de rotación otro ligerísimo de traslación, que le hace avanzar lentamente, siguiendo el contorno de la sala. La falda pesadísima arremolina sus pliegues en torno de las piernas, y poco a poco, con la velocidad, toma aire y se hincha... se hincha, adquiriendo proporciones gigantescas. Primero es un enorme paraguas a medio abrir, luego un globo, después un paracaídas, y el paño pesadísimo se extiende casi horizontal, girando con loco vértigo sobre las piernas desnudas, que dan vueltas y vueltas como una peonza loca.

Al comenzar su movimiento de rotación, el derviche lleva los brazos cruzados sobre el pecho, en actitud sacerdotal. Poco a poco los despega, los extiende sonriente, con gracioso desperezo de bailarina, hasta que al fin los mantiene rígidos, en cruz, ayudándole esta tensión a la rapidez de su volteo. Apenas se sume en esta embriaguez rotatoria, ya no sonríe. Sus ojos quedan vidriosos y vagos, su rostro palidece y se contrae con un gesto de estupidez extática, de voluptuosidad dolorosa.

Tras el derviche vestido de blanco empieza a girar otro verde; luego, otro azul; después, otro rojo; y así van saliendo en ruidosa ondulación circular faldas rosadas, azules, vinosas, amarillas y naranja, con esa intensidad profunda de color que es la gloria de los tintoreros orientales.

La mezquita se llena de peonzas vistosas que giran y giran, dando al espectador el mareo del vértigo. En las raras pausas de la música se oye el aleteo del pesado paño cortando el aire y el roce de los pies. El espectáculo es original, obsesionante, con el extraño poder que ejerce la mezcla de lo bello y lo ridículo. Son flores gigantescas que bailan, rematadas por hombres feos y barbudos. Rosas fantásticas que giran llevando hundidos en el centro de su corola unos gnomos de rostro feroz coronados por un gorro de fieltro.

Los cantores aceleran el ritmo, gritando cada vez más fuerte; los *darboukas* repiquetean con redobles de trueno; las flautas saltan y balan como cabras locas, y los danzantes giran y giran con tal rapidez, que sus brazos y piernas son pálidas sombras, borrosas por la velocidad, y las faldas cortan el aire como sierras horizontales... ¿Cuánto tiempo dura la sagrada danza?... No lo sé. Siento, a pesar de mi inmovilidad, los efectos del vértigo; mi vista se deslumbra y marea con este continuo girar de colores. Creo estar rodando por una pendiente que no termina nunca. La música infernal y el volteo de los derviches embriaga a los fieles. Encogidos en el suelo, mueven sus cuerpos al compás de la música, y la mezquita parece una enorme caja de juguetes, donde centenares de monigotes mecánicos, con gorro rojo y cara de palo, se balancean impasibles a los sones de un cilindro de música.

El Cheik hace un gesto; cesa el coro; los derviches contienen su rotación; van descendiendo sus faldas con la falta de movimiento; se deshinchan; dejan de ser un paraguas para convertirse en un embudo; luego se achican más aún, surgen los pesados pliegues, que acaban por rozar el suelo, y los sagrados bailarines vuelven a formarse en fila a un lado del templo. Sus rostros brillan con el gotear del sudor; los ojos vidriosos tienen aún la locura del vértigo. Agítanse sus pechos como fuelles con el jadear de la fatiga. Algunos, mareados por la repentina inmovilidad, se tambalean como ebrios. Pero a pesar de esto, todos miran al Cheik, esperando un gesto suyo para pedir de nuevo la venia y reanudar la loca danza.

Los cantores entonan durante el descanso una especie de himno litúrgico, lento y solemne, pero sus voces vuelven pronto a adoptar el ritmo del sagrado baile, y otra vez las peonzas animadas tornan a girar en el centro de la mezquita.

Por tres veces bailan los derviches, y durante una hora larga giran y giran con un movimiento vertiginoso que agotaría las fuerzas, la razón y aun la existencia de cualquier occidental. Al fin cesan de voltear, y vacilando sobre sus congestionados pies salen para despojarse de los trajes de ceremonia en una casa ruinosa inmediata a la mezquita, atravesando el huerto de nopales y palmeras que rodea a ésta.

El Cheik hace su oración ante el Mirab, se prosterna varias veces sobre la piel de cordero, extiende los brazos invocando el nombre de Alá y se retira también.

La ceremonia ha terminado. . . ¡Ridícula! . . . Los que la vieron desde pequeños, cuando su razón comenzó a abrirse a las cosas del mundo, aceptándolas tal como las encontraron, asisten a ella con sincero fervor y la consideran como el más noble y poético de los cultos... ¿Quién sabe lo que un oriental entusiasta de los derviches danzantes pensará al ver por primera vez las ceremonias litúrgicas de los occidentales? Todos los pueblos del misterioso Oriente, tierra natalicia de dioses, han danzado ante las potencias celestes, haciendo del baile una ceremonia religiosa. La danza es seguramente un acto más elevado y menos material en honor de la Divinidad que beber vino, aunque sea en copas de oro.

De todas las cofradías musulmanas de Oriente, la de los derviches danzantes es la más aristocrática. Sus afiliados gozan de general respeto. El Sumo Sacerdote, al que pudiéramos llamar el Papa de los derviches, reside en Konia, la gran ciudad turca de Asia, hogar de las tradiciones otomanas, adonde no ha llegado aún la influencia europea que atrofia y envilece a la vieja Turquía.

Cuando muere el Sultán y hay que consagrar un nuevo Comendador de los Creyentes, el jefe supremo de los derviches viene desde Konia a la santa mezquita de Eyoub, donde se verifica la ceremonia de investir al emperador. Este no tiene corona. El signo visible de su majestad y su poder es el sable del Profeta, que se guarda en la famosa mezquita de Eyoub. El gran derviche ciñe la venerable cimitarra de Muhamed a la cintura del nuevo soberano, y Turquía entera aclama a su *Padichá*.

La santa mezquita de Eyoub es el único lugar que guarda el misterio y el aislamiento religioso del pueblo turco. Ningún cristiano ha pisado ni siquiera las losas de sus patios interiores. Los viajeros, al pasar ante ella, procuran no mirar por las puertas y rejas de los muros que rodean sus patios y jardines.

Al salir yo de Bakarié, buscando la ribera del Cuerno de Oro para que una embarcación me condujese a Constantino pía, me perdí en unas callejuelas inmediatas a Eyoub formadas por blancos panteones, kioscos funerarios al través de cuyas rejas se ven túmulos de sultanes y santos coronados de turbantes y cubiertos de terciopelo y oro.

Al final de un callejón vi una gran arcada con la verja abierta. Me aproximé. Enfrente, un patio solitario y fresco; más allá, una arcada; en último término, una gran extensión inundada de sol y cerrada por murallas, en cuyo centro, como un monstruo vegetal, alzábase la enormísima pilastra de un plátano de quinientos años, con el ramaje invisible. Cantaban las fuentes en la sombra de los claustros de azulejos, desgranando sus surtidores sobre tazas de verde mármol; centenares de palomos obscuros aleteaban en los capiteles de las columnas, cortando con sus arrullos el silencio animado por el gotear del agua. En el último patio jugueteaban varios grupos de pilluelos casi desnudos, y permanecían acurrucadas viejas horribles, esperando una limosna.

Eran los patios de la santa mezquita, del templo inabordable para el cristiano, donde no pudo entrar ni el mismo emperador de Alemania en su visita a Constantinopla. A un lado, una fachada misteriosa, de azulejos verdes y negros, con un fanal turco pendiente ante el arco de herradura.

Apenas asomé mi cabeza, un *zapethie*, gendarme turco, vino hacia mí. Los pilluelos inclinaron sus gorros al suelo como si buscaran piedras, chillando y manoteando con belicosa alegría: "*¡Giaour! ¡Giaour!*" (¡Un cristiano!)

Me alejé prudentemente, pero la rápida visión del patio solitario con sus palomos y sus chorros de agua, y de la fachada verde y negra, de feroz misterio, no se borrará fácilmente de mi memoria.

¿Qué habrá, en el interior de la santa mezquita de Eyoub?...

EL HEREDERO DE "LAS MIL Y UNA NOCHES"

La punta de Stambul que avanza ante Gálata, formando de un lado la entrada del Bósforo y del otro la embocadura del Cuerno de Oro, la ocupa el palacio del Serrallo, enorme como una ciudad, y que hace muchos años dejó de servir de residencia a los soberanos de Constantinopla.

Los occidentales confunden con frecuencia el Serrallo con el harén. Serrallo es simplemente un palacio; sólo el harén –lugar sagrado– es el departamento destinado a las mujeres.

Este extremo de Stambul forma una altura desde la cual se abarca el más asombroso de los panoramas. A un lado, la azul extensión del mar de Mármara, infinita a la vista, con las deliciosas islas de Prinkipo, que parecen inmóviles bajeles de casco sonrosado y velas verdes; enfrente, la ribera asiática, de montañas rojas, con el Bósforo, que oculta en sus revueltas los veleros de blancas lonas y los buques modernos de negro penacho; al lado opuesto, Constantinopla, extendiendo en pendiente su caserío por ambas riberas del Cuerno de Oro, que tiene sus aguas casi invisibles bajo los cascos de toda una ciudad flotante.

En esta colina, que avanza como un cabo, estuvo situada la acrópolis de la antigua Bizancio. Aquí, el maravilloso palacio de la emperatriz Placidia, las mansiones de los personajes más importantes del Imperio, las termas de Arcadio, la iglesia de la Madre de Dios Hodégetria –conductora de los ciegos– y el alcázar de los emperadores bizantinos, monumento de monstruosa grandeza, mezcla de harén y de convento, donde las vastas salas destinadas a la orgía y a la muerte estaban decoradas con escenas bíblicas sobre fondos de oro.

Cuando Mohamed II conquistó Constantinopla, sus construcciones de gusto oriental se elevaron sobre los escombros de los palacios del vencido, y en esta colina vivieron los padichás hasta los primeros años del siglo XIX. Los motines de Constantinopla y las amenazas de la milicia de los genízaros hicieron levantar el campo a Mahmud II. El Serrallo era una vivienda demasiado grande para que el Comendador de los Creyentes pudiese subsistir con entera seguridad. El Sultán abandonó el antiguo Serrallo en 1808, trasladándose a la otra ribera del Cuerno de Oro, y desde entonces los emperadores viven en plena campiña, apartados de su ciudad y rodeados de un pueblo fiel de guardias y cortesanos que ellos mismos se forman.

Sólo algunas sultanas viejas, con su corte olvidada y pobre de parientas del emperador, viven como monjas en los abandonados palacios del antiguo Serrallo.

Este se halla dividido en tres partes: los jardines, el Patio de los Genízaros y los palacios o kioscos esparcidos caprichosamente en la meseta de la colina. Los jardines son viejos, con todo el encanto de la vegetación secular abandonada a la libre expansión de sus fuerzas: terrazas en escalones, con enormes cipreses o seculares plátanos; rosales que crecen y se enmarañan como bravías malezas, y en medio de este oleaje de verde sombrío, kioscos de simples líneas y amarillenta blancura. Un cinturón de murallas rojas, con puntiagudas almenas y gruesos torreones, cierra el recinto del Serrallo, como una ciudad aparte dentro del antiguo Stambul.

Lo más notable que encierra es el tesoro de los sultanes, la colección de riquezas históricas de estos soberanos del fabuloso Oriente, que conquistaron Bagdad y guerrearon con la opulenta Persia. Para visitarlo se necesita una invitación del Sultán, y aun así, la visita no está al alcance de todos. Yo mismo, después de recibir la invitación, tuve que aguardar durante muchos días la oportunidad de que otros viajeros sintiesen el mismo deseo.

Para visitar el Tesoro se moviliza en el antiguo palacio un verdadero ejército de criados, funcionarios de corte, ayudantes del Sultán, pachas depositarios de las llaves, soldados de la guardia, en total unos trescientos hombres; y como en Turquía es natural y corriente la costumbre del *batchis* o propina, y nadie cree envilecerse tomándola, la tal visita cuesta unos setecientos francos, y los viajeros, para realizarla, se reúnen, poniéndose a escote.

Dos personajes de Rumania venidos a Constantinopla para una conferencia con el gobierno turco sobre las minas de petróleo recibieron la invitación de visitar el Tesoro al mismo tiempo que yo, y junto con ellos y sus esposas entré en este depósito de fabulosas riquezas, a las tres de la tarde, precedido de una doble fila de eunucos negros y personajes pálidos, de espesa barba y ojos tristes, todos con levita *stambulina* y gorro rojo, marchando con la frente baja y las manos cruzadas sobre el vientre.

Así atravesamos el extenso Patio de los Genízaros, pasando bajo la Puerta Augusta, un arco de mármol blanco y negro con columnas de jaspe verde. A cada lado de la puerta hay un nicho que aún conserva señales de escarpias. De estas escarpias se colgaban, para terrible ejemplo, las cabezas de pachas cortadas por orden del Gran Señor.

Nuestros conductores nos entran en un kiosco blanco, cuyos grandes ventanales dan sobre una terraza que domina la entrada del Bósforo. Una alfombra sedosa, de finos colores ámbar y rosa, se hunde bajo nuestros pies. Grandes espejos nos reflejan con toda nuestra escolta de empleados palatinos y negros eunucos. Los muebles –¡oh anacronismo!– son de estilo Luis XV, aunque enormes y en extremo dorados, como para satisfacer el gusto oriental, amigo de exuberancias. Desde la terraza se admira el agua azul y mansa que bate silenciosamente el pie de la colina del Serrallo. La roca, casi cortada a pico, da al Bósforo en este lugar una gran profundidad: cien metros. ¡Los misterios que guarda esta superficie límpida, débilmente rizada por la brisa que viene del mar de Mármara, y en la que tiemblan como pedazos de espejo los suaves rayos del sol de la tarde!... Aquí caían en el eterno misterio, con una piedra al cuello, los hermanos de los sultanes, estrangulados, para evitar a Turquía una guerra civil; aquí desaparecían para siempre los pachas ambiciosos y en desgracia; aquí acababan las perfumadas sultanas y las odaliscas de voluptuosos ojos sospechosas de infidelidad, cosidas dentro de un saco de cuero antes de rodar a las tenebrosas profundidades.

Entran nuevos criados en el kiosco, portadores de grandes bandejas cubiertas de tapices de seda con bordados de oro. Es el obsequio del Sultán a los extranjeros que visitan su antigua residencia.

El maestro de ceremonias tira de las ricas envolturas. Dos eunucos sostienen una bandeja de bronce cincelado, enorme como un escudo, y en ella se yergue majestuosa una compotera de cristal y oro llena de confitura de rosas y flanqueada de cucharillas del mismo metal.

Es el eterno presente de toda visita turca. Un criado circula una bandeja con vasos de agua, y tras él llega otro con un gran incensario dorado lleno de brasas, en el que humea una cafetera. Las minúsculas tacitas de porcelana persa se llenan de café espeso como pasta, y el perfume intenso del negro y delicioso brebaje se une al olor de rosa que impregna el ambiente. El maestro de ceremonias manda ofrecer los cigarrillos de dorada boquilla, y todo el grupo de invitados, hombres y mujeres, sentándonos en divanes de rayada seda, contemplamos durante un cuarto de hora las espirales de humo en los cuadros de puro azul –azul de cielo y azul de mar–, a los que sirven de marco las ventanas del kiosco.

Otra vez en marcha, precedidos de la procesión de servidores de negra levita y gorro rojo, que parece haber aumentado considerablemente. Son ya más de cien.

Atravesamos un patio extenso, o más bien una llanura cerrada por un sinnúmero de claustros, kioscos sueltos y palacios ruinosos, en los cuales se abren los muros bajo el peso de los siglos, de los mantos de hiedra y de las parras trepadoras.

Junto a una puerta de arco y bajo un porche de tejas viejísimas cubiertas de moho y desunidas por las raíces de plantas parásitas están formados los soldados de una compañía de infantería, en cuatro filas, dos a cada lado del espacio por el que debemos pasar. Un oficial de marina con cordones de ayudante avanza hacia nosotros, una mano en la empuñadura del sable y la otra en el fez, saludando con una rigidez alemana. Puesto que somos europeos e invitados del Sultán, indudablemente debemos ser grandes personajes en nuestro país. Los soldados, al pasar nosotros, lanzan el rugido de ordenanza, elevando sus fusiles y presentándolos. Después vuelven a aullar con unidad atronadora y los dejan caer al mismo tiempo, conmoviendo con las culatas las viejas losas, en cuyos intersticios crece la hierba.

Estamos en la entrada de *Hasné*, del famoso Tesoro, puerta venerable de cedro, roída por los años, con clavos oxidados y cerraduras que parecen olvidadas durante siglos y de imposible funcionamiento. Junto a ella aparecen nuevos personajes como si surgiesen de la tierra. Son viejos pachas, de miembros trémulos y barbillas blancas, arrugados personajes con el paño del dorso de la levita tirante sobre la curvatura de la espina dorsal. Cada uno saca su llave pesada y brillante; se abre con estridente cric-cric un enorme candado, giran con doloroso gemido los pernos de las cerraduras y se quejan los cerrojos al ser arrancados de la inmovilidad de su sueño.

Los respetables gnomos del Serrallo van de un lado a otro trabajando en su penosa obra, y al fin giran chirriantes las hojas de cedro en el silencio conventual del Serrallo, y de la penumbra surge una bocanada de aire húmedo y espeso, una respiración de lugar cerrado, de antigua bodega.

Todos los criados que nos preceden entran apresuradamente, mientras nosotros, contenidos cortésmente por el ayudante y el maestro de ceremonias, permanecemos en la puerta. Se oyen sus precipitadas carreras en el interior, el roce de sus sordas babuchas, la rápida confusión del grupo que penetra de golpe y se desgrana inmediatamente, encontrando cada cual el sitio que tiene designado con anticipación.

Cuando entramos, cada mesa, cada vitrina, ofrece como nuevo adorno una pareja de hombres inmóviles, tan inmóviles como las estatuas y los maniquíes que contiene el Tesoro, las manos sobre el vientre y sin respirar apenas, pero que os siguen con ojos fijos en todas vuestras evoluciones. Imposible moverse sin tropezar con ellos. Se adosan a los descansos de las escaleras, se introducen en el hueco entre armario y armario, se empequeñecen y disimulan para no ocultar con su cuerpo la vista de ningún objeto, pero ni por un instante podéis encontraros más allá del fuego cruzado de sus miradas.

Todos los visitantes deben ser excelentes personas, ya que el Comendador de los Creyentes los honra con su invitación; pero los pachas guardadores del Tesoro conocen el impulso tentador de Eblis y demás potencias infernales, y desconfían de la codicia del hombre y de la demencia de la mujer ante el oro que embriaga y la piedra preciosa que enloquece.

¡El Tesoro del Sultán, dueño desde hace siglos de la prodigiosa Bagdad! ¡La colección de riquezas de este heredero de *Las mil y una noches*!. . .

Al abarcar con la vista el amontonamiento de objetos preciosos experimenté una profunda decepción. Los objetos están guardados como en un museo europeo, pero las vitrinas palidecen bajo el polvo y los vidrios se enturbian, dando a todo un aspecto de pobreza y falsedad. Ocurre aquí como en los tesoros de las catedrales católicas, donde los siglos y la inercia dan al oro un tono miserable de cobre, y se convierten los diamantes en vidrio y las perlas en gotas de cera.

El Tesoro del Sultán –que no ha visto nunca el Sultán actual ni visitaron jamás muchos de sus antecesores– parece una enorme tienda de anticuario abandonada. Hasta los vidrios de las ventanas están rotos en parte, y las goteras del techo hacen caer en grandes desconchados el enlucido del cielo raso. Polvo, telarañas y vejez por todas partes. Este abandono y la enormidad absurda de las riquezas que contiene hace dudar en el primer momento del valor del Tesoro.

"¡Todo mentira! –murmuran en nuestro interior la malicia y la desconfianza–. ¡Baratijas orientales para deslumbrar al pueblo de otros siglos! Esto no es posible: es demasiado sobrehumano para que pueda ser verdad."

Y sin embargo, es verdad, por más que la razón se subleve ante lo enorme de semejantes riquezas. Por algo los poetas de todos los tiempos, cuando han querido cantar magnificencias fabulosas, han vuelto sus ojos a Oriente.

Un trono es el primer objeto que se encuentra al entrar en el Tesoro; un trono para descansar en él con las piernas cruzadas, bajo y casi tan grande como un lecho. Lo robaron los turcos a los persas en el siglo XVI, durante la guerra del sultán Selim contra el sha Ismail. Es de oro macizo, y sus cortas patas, al descansar en el suelo, dan una sensación de ruda pesadez.

El precioso metal sólo es visible en pequeñísimos espacios. Un mosaico de fina labor, formado con riquísimos materiales, cubre todas sus caras, hasta las que son poco visibles, como la parte inferior del asiento. Son millares y millares de perlas, de esmeraldas, de

rubíes, todos de igual tamaño, que se repiten formando flores y hojas. La razón, que parece rebelarse ante
tanta magnificencia y duda de su autenticidad, sólo se
convence tras largo examen de la riqueza de este mueble.

En otra sala se encuentra el verdadero trono de los
sultanes, semejante a un pulpito de musulmán. Es a
modo de una garita de ébano, dentro de la cual se sen-
taba el Padichá con las piernas cruzadas. De cada
ángulo del asiento se levanta una columna sostenien-
do el techo en forma de cúpula, y en el centro de ésta
se eleva un joyel de inverosímil magnificencia, un
ramillete de diamantes tan enormes, que parecen simples pedazos de empañado cristal. Todo este pequeño
edificio de ébano y sándalo está incrustado de nácar,
concha, plata y oro. Por todas sus caras interiores y
exteriores corre un dibujo de plantas fantásticas en
nácar, y el centro de cada flor está formado de grandes
cabujones, de rubíes, esmeraldas, zafiros y perlas. En
su interior pende del techo una cadena de oro, que
venía a caer sobre la cabeza del Sultán. La cadena sos-
tiene un corazón también de oro, y de éste cuelga una
esmeralda de forma irregular, pero de un tamaño
inaudito, gruesa de cinco centímetros y grande como
una mano abierta.

¡Las esmeraldas del Sultán! Después de visitar el pabellón del Tesoro se hace igual caso de esta piedra preciosa que de los guijarros de un camino.

Apenas se entra, el maestro de ceremonias os lleva ante una vitrina, donde sobre el fondo de terciopelo polvoriento se ven tres pedruscos planos de un verde obscuro, algo así como tres adoquines de vidrio opaco. ¡Son esmeraldas!... Las tres más grandes que existen en el mundo. Una de ellas pesa cerca de tres kilos.

Y a lo largo de las otras vitrinas empieza el aturdidor espectáculo de las riquezas amontonadas por el heredero de *Las mil y una noches*: armas que son verdaderas joyas; yataganes y grandes sables con la vaina cubierta de perlas y rubíes y la empuñadura formada de brillantes y esmeraldas; armaduras antiguas de gruesas placas de oro, con dibujos de brillantes y topacios; telas de seda, de brocado y terciopelo, en cuyo bordado se mezclan con los brillantes hilos centenares y miles de piedras preciosas; vasos de cristal de roca, dejado, de ónix; copas y frascos de cincelado oro persa; joyas indias de sutil labor; cofrecillos de menudas incrustaciones en maderas perfumadas o ricos metales, que reproducen escenas al borde del Eufrates, en las riberas del Ganges o sobre las mesetas del Ispahán llenas de rosas, donde cantaron los poetas Shadi y Ferdussi.

Una gualdrapa de caballo –la del corcel favorito de los antiguos sultanes– llena todo el fondo de una vitrina. Tiene dos metros y medio de ancha y casi tanto de larga. Es de terciopelo carmesí y está bordada con miles de perlas, todas exactamente del mismo tamaño, que es el de un garbanzo grueso. El color de la tela apenas se deja entrever como un rojo arabesco entre el apretado mosaico de granos preciosos.

La armadura que Murad IV llevó a la toma de Bagdad en el siglo XVII deslumbra majestuosa frente a dos ventanas. Es una cota de mallas de oro, con placas damasquinadas, y a su lado está la cimitarra, con la guarda y el puño cubiertos de brillantes en forma de tablero de ajedrez, todos de la misma dimensión y de trece milímetros de grueso.

En una galería superior está lo más interesante del Tesoro: las vestiduras de gala, los trajes de aparato de los antiguos sultanes, desde Mohamed II, que conquistó Constantinopla, hasta Mahmud, que murió en 1839. Estas vestiduras están puestas sobre maniquíes sin cabeza, coronadas por un turbante de aparato, enorme como un globo. Cada turbante está rematado por un penacho sujeto con un joyel magnífico, y en la faja de todo maniquí luce un puñal, que es obra maestra de cincelado y un alarde de fantástica riqueza. Los hay que

parecen trabajados por Benvenuto Celliui. La empuñadura de una daga está formada de una sola esmeralda.
Otra se compone simplemente de cinco brillantes: dos
en cada cara del puño y el restante sirviendo de pomo.

La profusión de pedrerías sobre las armas y en los
penachos de los turbantes deslumbra y confunde. Uno
de los joyeles que retienen estos ramilletes de plumas
está formado de dos esmeraldas y un rubí que tienen
pulgada y media de gruesos. Las túnicas son de brocado magnífico, tan cubierto de bordados y de oro, que
pueden sostenerse derechas sin el apoyo interior del
maniquí. Las fajas de rica seda sustentan los puñales, y
cada uno de ellos representa una enorme fortuna;
maravillosos símbolos de la majestad de estos soberanos, para los cuales era la daga lo que el cetro para los
monarcas de Occidente.

La larga fila de sultanes inmóviles y sin cabeza,
cubiertos de las mayores magnificencias de la tierra,
encierra la historia del pueblo turco. Dentro de estas
rígidas y deslumbrantes túnicas vivieron hombres respetados como dioses, que se hacían obedecer desde las
orillas del golfo Pérsico hasta los muros de Viena y obli-
gaban a temblar a toda la cristiandad, en perpetuo esca-
lofrío de miedo, turbando el santo reposo del Vicario de
Cristo.

La imaginación, entre estas vestiduras pesadas y deslumbrantes como corazas y los hinchados turbantes faltos de cabeza, evoca rostros barbudos y morenos, de picuda y ancha nariz, de ojos sensuales e imperiosos. Bastaba un gesto de estas caras entristecidas por el exceso de poder y las harturas del harén, para que centenares de galeras aparejasen en el Cuerno de Oro y miles y miles de arqueros negros y jinetes turcos emprendiesen la marcha por las riberas del Danubio, queriendo llegar conquistadores hasta sus fuertes.

"¡Que baja el turco!", gritaba pavorosamente la cristiandad desde Viena a Lisboa, desde Cádiz a Londres; y la vida pacífica quedaba en suspenso, y las naves mercantes de Venecia, Génova y España convertíanse en barcos guerreros, haciéndose a la vela para salir al encuentro del enemigo en los mares de Grecia, y los monarcas de Europa alistaban ejércitos, y el continente entero quedaba inmóvil, en angustiosa espera, sin saber ciertamente si había llegado su última hora o si tendría aún derecho a seguir existiendo.

Los hechos que en la Historia parecen más lejanos y faltos de relación están unidos por el misterioso engranaje generador del movimiento de avance que desde hace siglos empuja a la humanidad. Sin los sultanes de Constantinopla, fanáticos coranistas ansiosos de someter Europa entera a la ley del Profeta, la reforma religiosa iniciada por Lutero habría perecido, lo mismo que otros intentos anteriores, y tal vez el Norte europeo seguiría a estas horas con la conciencia sometida al gran sacerdote de Roma.

Los reyes católicos de Europa –especialmente nuestro Carlos V–, a instigaciones del Papa, hubiesen acabado por entrar a sangre y fuego en Alemania, sometiendo con mano férrea a los pequeños señores germánicos partidarios de la nueva doctrina, como siglos antes habían sido vencidos los provenzales heréticos y los húngaros entusiastas de Huss. Pero el miedo al turco no dejaba espacio para pensar en esto. El peligro exterior no permitía al catolicismo ocuparse de los asuntos internos de su casa. Como si los déspotas de Oriente estuviesen de acuerdo con los partidarios de la Protesta religiosa, cada vez que los soberanos europeos, a impulsos de una paz momentánea, volvían los ojos hacia el hogar de la herejía, en Constantinopla se armaba una nueva expedición y el grito pavoroso corría por todo el continente: "¡Que baja el turco!"

La cristiandad necesitaba combatientes; Alemania era un plantel inagotable de soldados, y el Papa y los monarcas católicos, para salir del peligro inmediato, procuraban no ver la rebelión espiritual del país que les ayudaba en la santa empresa militar de impedir los avances de los infieles. Cuando el turco, escarmentado en Lepanto y en las llanuras del centro de Europa, ya "no bajó" más, era tarde para el catolicismo romano. La herejía, fácil de matar en la cuna, había crecido desmesuradamente. La necesidad de hacer frente al turco costó a Roma la pérdida de media Europa.

Salgo del Tesoro con un deslumbramiento en los ojos, con el mareo de una borrachera de riquezas. Dentro del pabellón vetusto se pierde la noción del valor de las cosas. La retina, habituada al brillo del oro y al centelleo de las piedras, como si esto fuese un espectáculo ordinario, experimenta una gran extrañeza al reflejar la desnuda miseria que existe fuera del pabellón.

Tardo un buen rato en volver a la realidad al salir del *Hasné*. En los primeros momentos me extraña que los fusiles de los soldados formados junto a la puerta no sean de oro; que sus tristes y viejos uniformes no estén rígidos bajo una capa de preciosos bordados, como las túnicas que quedan allá dentro; que la hierba de las losas no esté formada de esmeraldas, y que no sean brillantes las gotas de agua que cantan y ruedan en un tazón al final del patio.

Al fin logro serenarme, y me habitúo al nuevo ambiente, como el que pasa de un salón iluminado con vivas luces a una callejuela lóbrega. ¡Adiós, esplendores absurdos, riquezas turbadoras e inauditas de *Las mil y una noches*, que quedáis invisibles, sumidas en el polvo y la penumbra, tras la venerable puerta de cedro que vuelven a cerrar los gnomos de barbilla blanca, con chirridos de herrumbre!... Sólo el recuerdo me llevo de vosotros, pero juro que en adelante no habrá escaparate parisién de la *rue de la Paix* que me haga detener el paso con asombro, y que sonreiré, como hombre que está en el secreto, cuando en noches de gala vea en la Grande Opera o en el Real de Madrid el desfile de la centelleante pedrería sobre los hombros desnudos.

En el centro del Patio del Tesoro vemos el *Kafess*, un kiosco enrejado, una prisión que casi es una jaula, dedicada antiguamente a los hermanos de todo sultán, príncipes infelices, esclavos de la razón de Estado, que así habían de vivir para no turbar el sueño del soberano con amenazas de rivalidades. Esta prisión en pleno Serrallo casi resultaba para ellos una felicidad. Peor era que, un día, su augusto hermano, no satisfecho del encarcelamiento, les hiciera cortar las arterias, colocando después unas tijeras junto al lecho ensangrentado, para hacer creer en un suicidio.

Al otro lado del Patio del Tesoro está la Sala del Trono, el famoso Diván. Aquí recibían los sultanes a los embajadores de la cristiandad, bajo un techo, que aún subsiste, de dorados arabescos. En el fondo de la sala está el trono, en forma de diván, lecho enorme con un toldo de viejo terciopelo sostenido por columnas incrustadas de piedras preciosas. Existe una ventana enrejada junto al Diván, y tras ella escuchaba el *Padichá* a los embajadores, que ocupaban una pieza inmediata. Merced a tal precaución, los sultanes, que vivían en continuo miedo al asesinato, y las más de las veces no acababan sus días en la cama, creíanse a cubierto de una agresión de parte de los enviados extranjeros, a los que apenas conocían.

Cerca de la ventana hay una fuente. El Sultán, apenas comenzada la entrevista, la hacía correr, y el murmullo del agua ensordecía y apagaba la conversación, para que no la oyesen los familiares de los dos séquitos.

¡Los caprichos de estos déspotas ahitos de poder y semejantes en sus bromas terribles a los emperadores romanos de la decadencia!...

Cierto día, un duque francés, embajador de Luis XIV, fue admitido como gran honor en el mismo Salón del Trono, manteniéndose de pie ante el Diván, en el que estaba tendido el *Padichá*.

– Mira lo que tienes al lado –dijo el déspota sonriendo, con una malicia infantil en la mirada.

El embajador miró a la derecha, miró a la izquierda, y sin la más leve emoción, continuó el discurso, exagerando más aún su actitud rígida y tranquila.

Dos fieros leones estaban junto a él, frotando la melena alborotada contra sus piernas, rugiendo de extrañeza, mirando al intruso y mirando a su amo, como si sólo esperasen un ademán de éste para caer sobre él. El Sultán experimentó una gran decepción al no poder divertirse con el miedo del extranjero. El embajador terminó su conferencia y salió, dejando aturdidos a todos con su serenidad.

Un héroe el tal embajador, un diplomático que sabía sobreponerse a las terribles emociones. Pero después, al llegar al palacio de la Embajada, cuenta el duque modestamente en sus *Memorias* que se apresuró a despojarse de la vistosa casaca cubierta de condecoraciones y bandas, se quitó los calzones de terciopelo... y llamó a la lavandera para entregarle su ropa interior.

SANTA SOFÍA

Estoy en el gran patio de la mezquita "Aya Sophia" –la famosa Santa Sofía de los bizantinos–, sentado bajo las ramas de un plátano venerable, ante una mesilla en la que humean dos tazas de café, y aspirando el perfume de sándalo de un rosario musulmán que acabo de comprar a un mercader sirio.

A mi lado está Nazim-Bey, joven capitán de caballería, que ha viajado por toda Europa y ostenta sobre el pecho los cordones de oro de los oficiales del cuarto militar del emperador.

¡Lo que me costó entrar en Santa Sofía!... Todos los viajeros que han visitado Constantinopla hasta hace unos meses han podido verla con entera libertad. "Aya Sophia" estaba abierta a todo el mundo, como las demás mezquitas. Pero una comisión de jefes del Yemen, árabes fanáticos, habituados a la vida de los desiertos arenales, que no entienden de relaciones internacionales y desprecian a los infieles, vino a Constantinopla a visitar al *Padichá*, y al entrar en la más famosa de las mezquitas, todos ellos se indignaron viendo el poco respeto con que la frecuentaban los cristianos, viajeros en su mayoría, que iban de un lado a otro hablando fuerte y con el *Baedeker* en la mano.

Pocos extranjeros entrarán ya en ella. El Sultán, para dar gusto a los revoltosos jefes del Yemen, ha prohibido el acceso a los infieles, y yo tuve que invertir más de quince días en ruegos, visitas y gestiones casi diplomáticas para visitar la famosa mezquita, ¡Irse de Constantinopla sin conocer Santa Sofía! . . . Al fin, una tarde, a la hora en que escasean los fieles en el templo, y acompañado de un ayudante del Sultán, pude entrar en la antigua basílica.

Sentados en un cafetucho del patio, junto a las fuentes de abluciones, que chorrean incesantemente, aguardamos a que un servidor del templo nos avisase el momento más propicio para la visita, después de la salida de ciertos devotos rezagados y antes que los muecines se asomaran a los balconcillos de los cuatro alminares llamando a los fieles a la oración de la tarde.

Por fin entramos... ¡Inolvidable impresión! No todos los días puede pisarse un pavimento fabricado por hombres que vivieron hace mil cuatrocientos años; no se respira con frecuencia bajo unas bóvedas que cuentan catorce siglos de antigüedad.

Inútil es describir Santa Sofía. Su atrevida cúpula agujereada por estrechas e innumerables ventanas, sus nobles y grandiosas proporciones, sus tribunas sostenidas por columnatas de jaspe verde y desde las cuales se ven como enormes insectos pender sobre el suelo las lámparas, los huevos de avestruz y demás adornos de la religiosidad musulmana, son conocidos en todo el mundo. El grabado antiguo, la fotografía y la tarjeta postal han popularizado el interior de este monumento, que es el más antiguo de la cristiandad europea y puede ser llamado el Partenón del arte bizantino.

La luz que penetra por las ventanas de la cúpula toma una densidad amarillenta de ámbar. La capa de pintura con que han cubierto los turcos las imágenes de los muros contribuye a colorar el ambiente de este tono suave. La repugnancia religiosa de los musulmanes a toda representación de la forma humana ha borrado los deslumbrantes mosaicos bizantinos, en los cuales, santos y emperadores de rostro puntiagudo y miembros alargados destacábanse con rigidez hierática sobre un fondo de oro.

Es el único vandalismo que se han permitido los otomanos. Las hermosas columnas, los arcos de graciosa majestad, los huecos de las capillas, las balaustradas de jaspe, todo se mantiene lo mismo que en tiempo de los emperadores de Bizancio. La costra de pintura amarilla se ha caído en algunas partes del muro, y el mosaico antiguo brilla con una luz mate y discreta, como una venerable armadura de oro al través de los desgarrones de una capa vieja. Unos cartelones verdes de diez metros de diámetro, con inscripciones gigantescas en honor de Alá, y cuatro ángeles pintados en el arranque de la bóveda, son todos los adornos que el arte turco ha osado añadir al templo erigido por Justiniano. Los ángeles son convencionales. Cada uno de ellos está representado por cuatro alas en forma de rueda. La pintura musulmana no puede ir más allá.

Un interminable susurro, un batir incesante de plumas llena el ambiente ambarino y crepuscular de la mezquita, uniéndose al crepitar de las lámparas y a la cantilena monótona de los aprendices eclesiásticos, que, encogidos sobre las rodillas, balancean el cuerpo cantando de memoria *suras* enteras del Corán, mientras un efebo, con el libro entre las piernas, sigue con la mirada el texto, para corregir el más leve olvido. Centenares de palomos obscuros, con plumas de metálicos reflejos, aletean en las bóvedas, descansan en capiteles y cornisas, o descienden hasta las cabezas de los fieles, inmóviles como estatuas en su oración, posándose por unos instantes en sus brazos. Con frecuencia abandonan desde lo alto sus superfluidades digestivas, y los servidores de la mezquita tienen que limpiar continuamente la fresca estera del pavimento, sobre la cual marchan los fieles descalzos y con los pies limpios, para que después el buen creyente, al prosternarse, pueda besarla sin contagio alguno.

Ocurre en este grandioso monumento, al contemplarlo por vez primera, lo que en San Pedro, de Roma. La vista lo abarca todo sin extrañeza alguna. Un templo poco más grande que los otros... y nada más. Sólo cuando se avanza y la perspectiva va prolongándose a cada paso, es cuando se da cuenta el visitante de la enormidad de proporciones que van surgiendo de esta armonía general. Lo que de lejos parecían esbeltas columnas son troncos enormísimos de piedra, junto a los cuales el hombre se iguala a la hormiga; las distancias entre una arcada y otra se prolongan mágicamente, como si el templo fuese creciendo y estirándose a cada paso que se avanza.

La antigua basílica es enorme, abrumadora, soberbia, y sin embargo da una impresión dulce, de suave ligereza.

Su historia es tan accidentada como la de una nación. Santa Sofía no fue elevada en honor de una santa de este nombre, como muchos creen. *Sancta Sophia* es una invocación a la Santa Sabiduría, y en honor de la sabiduría divina elevó Constantino la primera basílica, en el mismo lugar que ocupa la actual. Cien años después la quemó el populacho creyente y revoltoso, excitado por el destierro de San Juan Crisóstomo. Teodosio II la volvió a construir, y en 532 la incendió de nuevo el pueblo de Bizancio, amotinado esta vez, no por un santo, sino por una cuestión de Circo, el motín de los *Victoriatos*, en los primeros tiempos de Justiniano.

Fué este emperador legista, manso marido de la interesante Teodora, mezcla de voluptuoso tirano oriental y austero teólogo, quien creó el monumento que aun hoy subsiste y que vivirá siglos y siglos.

Quiso en sus ambiciones de gloria que el templo a la Santa Sabiduría fuese "la obra más magnífica que se hubiese visto después de la creación", y en todas las partes del vasto Imperio de Oriente hizo recoger los materiales más preciosos, mármoles, columnas y esculturas. Los monumentos de la antigüedad griega fueron saqueados. Efeso le envió las columnas de jaspe verde de su famoso templo de Diana; Roma, las que había robado del templo del Sol en Heliópolis; e igualmente fueron puestos a contribución los santuarios de Atenas, Délos, Cizica, e Isis y Osiris en Egipto. Dos arquitectos griegos, los mejores de la época, Antemio de Tales e Isidoro de Mileto, se encargaron de la dirección de los trabajos; pero la credulidad popular, ansiosa de lo maravilloso, propaló que un ángel había entregado a Justiniano los planos del monumento con el dinero necesario para construirlo.

Diez mil obreros, dirigidos por cien maestros alarifes, trabajaron a la vez. Una capa de betún de veinte varas de espesor, que llegó a adquirir la dureza del hierro, sirvió de base al edificio. Los alfareros de Rodas hicieron los ladrillos para la bóveda de una tierra tan ligera, que doce de ellos no llegaban a pesar lo que un ladrillo ordinario. Todos llevaban una inscripción: "Es Dios quien me ha fundado y Dios me socorrerá."

La construcción fue una mezcla de esfuerzos arquitectónicos y ceremonias religiosas. Los sacerdotes bendecían los materiales, acompañaban con plegarias la erección de cada columna, y al elevarse los muros, los albañiles introducían en la argamasa huesos de santos y otras reliquias.

Sumas inmensas se consumieron en este alarde arquitectónico, y Justiniano se vio en los mayores apuros y recurrió a los medios más criminales para conseguir dinero y terminar la casa de la Santa Sabiduría. Por fin, en 537, la obra quedó acabada. Después de una marcha triunfal por el Hipódromo, con todo el esplendor de su corte bizantina, y de pródigas distribuciones al populacho, hambriento de pan y ahito de disputas teológicas, Justiniano inauguró el monumento.

– ¡Gloria a Dios, que me ha juzgado digno de terminar esta obra! –gritó al entrar– . ¡He vencido a Salomón!

Catorce días duraron las plegarias, los festines públicos y las distribuciones de dinero.

La Santa Sapiencia vivió siglos en una relativa tranquilidad, sin otros accidentes que los que sufren los monumentos gigantescos, eternos enfermos necesitados de cuidados y reparaciones.

Toda la vida del Imperio de Bizancio se reconcentró en ella. Bajo sus bóvedas se consagraron aquellos emperadores que se asesinaban unos a otros, se sacaban los ojos o degollaban en masa a sus súbditos, por si el Hijo era igual al Padre, y otras sutilezas teológicas que tomaron el carácter de verdaderos programas políticos.

El día que los turcos sitiadores acabaron por penetrar en Constantinopla, una muchedumbre de sacerdotes, mujeres y combatientes fugitivos se amontonó en la santa basílica, que tenía ya cerca de mil años de antigüedad. El caudillo victorioso entró a caballo hasta el altar mayor y gritó agitando su cimitarra: "No hay más Dios que Alá, y Mohamed es su Profeta."

¡Se acabó la Santa Sapiencia! Las cruces rodaron por el suelo, los sables se enrojecieron hundiéndose en la muchedumbre cristiana, y el saqueo y la matanza dentro de la basílica duraron tres días.

En el momento de la entrada de los turcos, un sacerdote celebraba la misa, y huyó del altar con el sagrado cáliz, desapareciendo por una puertecilla practicada en una de las galerías. Inmediatamente la puerta se cerró milagrosamente con una pared de piedra que nadie pudo distinguir del resto del muro. El día que Santa

Sofía sea devuelta al culto cristiano y los turcos huyan expulsados de Constantinopla, volverá a abrirse la puerta y el mismo sacerdote acabará su misa interrumpida.

Esto lo sé por mi guía Stellio, un honrado griego, verídico y creyente, que me acompaña a todas partes, discurriendo el medio más rápido y seguro para extraer el dinero de mis bolsillos.

Los historiadores de Santa Sofía dicen que esto es una leyenda; pero Stellio se ríe de su ignorancia.

Todas las viejas del barrio del Fanar, residencia de las antiguas familias griegas, piden a Dios que no las llame a su seno sin haber visto antes a ese pobre sacerdote que aguarda entre paredes durante cuatro siglos y medio el momento de terminar su misa.

Restos de Bizancio

La *At-Meidan* o plaza de los Caballos es el antiguo Hipódromo de Bizancio. Antes que el sultán Mahmud reformase la vida turca a principios del siglo XIX, aquí venían los *itchoglans* o pajes del Serrallo a ejercitarse en el manejo de la jabalina. Aquí también, en esta plaza, teatro tantas veces de las revueltas de los genízaros, acabó el enérgico sultán con la terrible milicia que después de haber salvado a Turquía hacía imposible su existencia. Fue en 1826. Mahmud dio a los genízaros un gigantesco banquete en la plaza de los Caballos, y a los postres cerráronse todas las bocacalles con regimientos fieles y numerosas baterías. Los cañones vomitaron metralla sobre la plaza, y en unos cuantos minutos perecieron aquellos guerreros feroces que habían hecho temible en Europa el nombre de Turquía.

La plaza se un rectángulo prolongado, que comunica por uno de sus extremos con otra plaza más pequeña, donde está Santa Sofía.

At-Meidan es el ágora del viejo Stambul. En los cafetuchos y pequeños puestos de la plaza se reúnen a charlar, tomando café o pasando las cuentas del rosario, los turcos más turcos de la ciudad: los tradicionalistas, de grueso turbante y caftán multicolor; los derviches silenciosos, de capa parda y gorro de fieltro; los imames jóvenes, de rostro ascético, vestidos de negro, que permanecen con la mirada fija en el espacio, como si contemplasen la gloria de Alá.

Todo un lado de la gran plaza lo ocupan un gran cuartel y el Palacio de Justicia, flanqueado de sombrías prisiones. En el lado opuesto está la mezquita del sultán Ahmed, la más grande de Constantinopla por el terreno que ocupa, rodeada de muros con rejas que dejan ver los patios y jardines interiores y coronada por seis minaretes blancos, altísimos y sutiles, con remates de oro.

En el centro de la plaza, siguiendo una línea que marca la divisoria de las antiguas arenas del Hipódromo, mantiénense en pie tres monumentos interesantes de la antigüedad: el Obelisco de Teodosio, la Columna Serpentina y la Pirámide Murada.

El Obelisco de Teodosio es padre venerable del de la plaza de la Concordia, de París, y de todas las agujas egipcias que adornan jardines en Inglaterra y los Estados Unidos. Fue el monarca bizantino el primero a quien se le ocurrió aprovechar para su propia gloria los monumentos con obscuros jeroglíficos extraídos del misterioso Egipto. Este obelisco, enorme aguja de granito rosa, fue traído de Heliópolis y erigido en el centro del Hipódromo sobre una base esculpida en honor de Teodosio. La base aún subsiste con sus altos relieves, que apenas han sufrido desgaste después de una existencia de diez y seis siglos. Las lluvias y el aire, más que la irreverencia de los hombres, han roído los salientes de las figuras, achatando sus rostros. Las escenas de la vida pública de Bizancio hace mil seiscientos años reviven en este monumento. En una de sus caras, Teodosio, con su esposa y sus hijos Arcadio y Honorio, muéstrase rodeado de toda la pompa oriental. Los cortesanos se prosternan a sus pies, y en el fondo, como espeso bosque, agrúpanse las lanzas de los pretorianos. En otra cara aparece erguido en el palco imperial, presidiendo los juegos del Circo. En otra recibe el homenaje de los enviados extranjeros. Y junto a estas escenas de la vida bizantina vense esculpidas las máquinas, las grúas, los primitivos e ingeniosos artefactos que sirvieron en aquella época para erigir la pesada mole.

Algunos metros más allá álzase la Pirámide Murada, triste ruina que hace sonreír cuando se piensa en su pretencioso origen. El emperador Constantino Porfipogénito, al erigirla, la llamó el Coloso, afirmando que era rival del de Rodas; pero hoy, del pobre Coloso sólo queda un obelisco de piedra vulgar, sin adorno alguno. En otros tiempos estaba revestida, desde la base hasta el vértice, de gruesas láminas de bronce, que ciertamente le darían un aspecto deslumbrador. Pero llegaron los guerreros de la cuarta Cruzada, soldados de Dios que hicieron más daño a Constantinopla que los turcos, y tomando el bronce por oro, despojaron a la pirámide de su envoltura, dejándola en su desnudez actual.

De los tres monumentos del Hipódromo, el más antiguo e importante es la llamada Columna Serpentina.

Maltratada por los hombres y los siglos, reducida a una tercera parte de su altura, rota y casi informe, como un andrajo del pasado, da sin embargo la impresión de esos monumentos venerables en los que se admira más lo que no se ve que lo todavía visible. El suelo del Hipódromo, con las ruinas de la ciudad, el paso de los siglos y los temblores de tierra, se ha elevado más de tres metros, y la columna famosa, lo mismo que los otros monumentos del Hipódromo, está a cierta profundidad, en el fondo de un hoyo rodeado de barandilla.

Esta columna es el monumento más auténtico e importante que poseemos de la antigüedad griega. Fue fundida en Atenas para conmemorar la victoria de Platea sobre los persas, y la colocaron en el templo de Belfos, frente al gran altar. Representaba tres serpientes de bronce enlazadas tan estrechamente, que formaban a modo de un solo reptil con tres cuerpos y tres cabezas. Los nombres de todas las ciudades griegas que tomaron parte en los gloriosos combates de Salamina y Platea figuraban grabados en ella. Un trípode de oro consagrado a Apolo reposaba sobre las cabezas de las tres serpientes. Este trípode fue robado por los focios, pero la columna mantúvose intacta en Belfos hasta los tiempos de Constantino, en que éste la arrancó de la tierra sagrada de Grecia para embellecer su nueva ciudad del Bósforo.

Las mutilaciones de la Columna Serpentina datan de muchos siglos. El fanatismo cristiano de los bizantinos se ensañó en el monumento, viendo en las tres serpientes una obra del demonio. Varias veces el populacho la atacó con palos y piedras. En tiempos del emperador Teófilo, el patriarca de Constantinopla vino cauteloso una noche, y a martillazos rompió las cabezas de los reptiles. Solamente pudo destruir dos.

Siglos después, la superstición musulmana reemplazó al fanatismo cristiano.

Al entrar Mohamed II vencedor en Constantinopla sobre su caballo ensangrentado, ebrio de cólera y de matanza, llegó a la plaza del Hipódromo, deteniéndose ante la triple serpiente, a la que tomó por un ídolo de los vencidos. ¡Pueblo execrable de infieles, adoradores del demonio!... Y lanzó su maza de guerra con tal fuerza contra la bestia, que partió la única cabeza que aún se mantenía intacta. Después de este acto –según cuenta la tradición turca–, una invasión de serpientes vivas se esparció por Constantinopla, y el pueblo, poseído de supersticioso terror, respetó y reparó el monumento. Pero los ladrones acabaron la obra destructora de la superstición. La columna tentó su codicia, se dedicaron a robar fragmentos de ella, y fue vendido como vulgar metal el bronce contemporáneo de Temístocles, que aún conservaba legibles los nombres de las treinta ciudades griegas que tomaron parte en la guerra contra los persas, las mismas que menciona Plutarco.

Para encontrar otros vestigios de la dominación bizantina en esta Constantinopla modificada por los turcos, hay que salir de ella y seguir el extenso recinto de sus murallas.

Más de ocho kilómetros de longitud tienen las antiguas fortificaciones de Bizancio. Se sale de Stambul en ferrocarril, y el tren atraviesa extensas campiñas con pueblos que no son más que barrios apartados de Constantinopla. Desde la ventanilla del vagón se ven tierras desoladas, pedazos de desierto, cementerios que se pierden de vista, con sus pequeñas tumbas blancas y apretadas, como un rebaño inmóvil que en vano busca un hierbajo en la tierra árida. ¡Y todo este suelo muerto, hollado muy de tarde en tarde por los pies del hombre, fue la antigua Bizancio!...

El tren, después de detenerse en varias estaciones, llega al lugar de donde arrancan las murallas, a orillas del Mármara, para extenderse hasta las riberas del Cuerno de Oro, formando una línea de ocho kilómetros en la parte más ancha de la península triangular.

Al descender del vagón, el viajero cae en una soledad de cementerio. Míseros bancales mal cultivados vegetan a la sombra de las murallas, que son enormes, rojizas, con profundos socavones, más semejantes a restos de un cataclismo geológico que a obra de los hombres. Los torreones que antiguamente la flanqueaban son informes montículos por los que trepan plantas parásitas huyendo del matorral que rodea sus bases como una inundación sombría y pinchosa. Sobre sus plataformas, semejantes a bocas viejas, en las que sólo queda el diente aislado de algunas almenas, crecen higueras salvajes, árboles silvestres que tienen siglos, parias de la vegetación que hunden sus raíces en sillares y argamasa y viven de chupar el jugo de la piedra: parasoles verdes y frondosos que agitan su cúpula bajo el viento de la estepa, en esta soledad, libres del hombre.

La llamada Torre de Mármol descuella en la confusión de escombros rojos y obscura hojarasca con el brillo de su nítida blancura. Está en la orilla del mar, o más bien dicho, en el mismo mar. La emanación salitrosa del agua azul, el paso de los siglos, las inclemencias del cielo, no han conseguido empañar ni modificar su blancura. La torre parece sonreír al reflejarse invertida en la glauca entraña del Mármara que riza sus blancos contornos. Los sillares son de pilastras de remotos templos, de columnas griegas, de lápidas sagradas. Vista de lejos, parece de una sola pieza. De cerca, revela el origen de sus materiales en las inscripciones, los capiteles y las estrías arquitectónicas que aún se marcan en sus diversos sillares. Parece el fantasma gracioso de Bizancio surgiendo entre la destrucción, obra de siglos, y el aniquilamiento, obra del invasor. Su cúspide está limpia de melenas vegetales. Las semillas silvestres no han encontrado jugo vital en el pulido mármol. Abajo, los blancos cimientos se hunden en las aguas profundas, y las algas agarradas al mármol forman una cabellera verde y ondulante. ¡Chap!... ¡chap! susurran las olas del Mármara con lento compás al batir esta torre desde hace más de mil años, y los largos filamentos verdes se rizan estremecidos a cada vaivén de las aguas, y arriba responden las cigarras y los abejorros rozando sus chirriantes élitros en la rumorosa soledad. Y así vivirá aún siglos y siglos la Torre de Mármol, blanca como un panteón, olvidada de los tiempos en que lucían a sus pies las lanzas de los guerreros bizantinos y entraban en sus cámaras las damas del Bajo Imperio arrastrando túnicas bordadas con escenas bíblicas. Apenas si presume ya este venerable monumento que existe el hombre. La vida humana sólo va a su encuentro de tarde en tarde en forma de algún pelotón de viajeros, que la fotografía de lejos. Ninguna nave atraca junto a sus muros, que aún guardan vestigios de anillas de bronce. Los barcos modernos son para ella leves manchas de humo que resbalan por el lomo remoto del mar solitario.

¿Cómo describir la gigantesca y aplastante monotonía de las murallas que, partiendo de aquí, van a buscar las aguas azules al otro lado de Stambul?... Media jornada se invierte en el viaje a lo largo de este recinto que un día fue la más imponente de las fortificaciones de la tierra, y hoy, visto de lejos, da la sensación de una barda de corral arruinada. Se marcha durante horas y horas viendo siempre a la derecha el murallón rojizo flanqueado de torres. A trechos, la obra está entera y ofrece un aspecto majestuoso; más allá cae en ruinas, y por las brechas se ven terrenos yermos o blancos cementerios. Las puertas antiguas que aún abren paso entre los dos desiertos, a un lado y a otro de la muralla, parecen gargantas del vacío. La soledad y la muerte por todas partes. A la izquierda, la tierra es una inmensa necrópolis. Los turcos ricos buscan su tumba en la santa colina de Eyoub, en los cementerios próximos al Bósforo o en el inmenso de Scutari. Aquí vienen a pudrirse los pobres, los esclavos, los griegos, los armenios, todos los que no tienen fortuna o una familia que vele por ellos.

Inmenso el cementerio, sin tapias que lo limiten ni escaseces de terreno que obliguen a amontonar un cadáver sobre otro, cada muerto goza como dueño absoluto su pedazo de tierra; cada ficha funeraria marca sólo un cuerpo, y la necrópolis se extiende hasta perderse de vista, confundiendo sus mojoncillos de piedra con la línea del horizonte. Parece que un ejército incalculable, superior a toda imaginación, millones y millones de muertos, envuelven en apretado bloqueo a la ciudad antes de asaltar sus muros.

¡Los cementerios turcos!... En el corazón de Constantinopla, en el mismo barrio europeo de Pera, existen aún, sin que el transeúnte se sienta impresionado al pasar junto a ellos. La muerte no tiene en Turquía el aspecto horripilante que en los países occidentales. Los que sobreviven recuerdan al difunto amado a todas horas, le lloran, pero nunca se les ocurre visitar la tumba que guarda sus despojos y cubrirla de adornos repugnantes. Este pueblo sabe que el ser perdido no está ya en la tierra, que su verdadera esencia no es lo que se pudre en el suelo, y olvida la tumba, no imitando a las gentes cristianas, extraños espiritualistas, falsos charlatanes de la inmortalidad del alma, que rinden a la materia en descomposición y al pelado esqueleto un culto casi igual al que los egipcios tributaban a sus momias.

Este olvido de los cuerpos da a los cementerios turcos el majestuoso encanto de la verdadera soledad. Los de Constantinopla y Stambul se ven frecuentados porque sus arboledas y kioscos los convierten en lugares de recreo; pero los cementerios de los grandes muros son el verdadero campo de la muerte, el desierto de la nada. Se caminan leguas sin encontrar un ser viviente. Hasta los pájaros huyen espantados por la falta de vegetación; hasta los lagartos emigran de esta tierra seca, donde apenas crecen hierbas. Sobre el suelo no se ven más que tumbas y tumbas, todas semejantes, todas pequeñas, con una sobriedad serena y tranquila que despoja a la muerte de su aparato terrorífico. Son simples láminas de mármol, anchas y semicirculares por arriba y estrechas abajo, clavadas en el suelo: una especie de corazones muy prolongados. El remate de cada uno de estos mojones indica el sexo y la calidad del cadáver. Las tumbas de las mujeres tienen esculpido en lo alto un grupo de flores; las de los sacerdotes, un turbante; las de los simples ciudadanos, un fez. Cuando la tumba es reciente, las flores están pintadas de oro y los gorros de rojo; las inscripciones de plácida resignación brillan doradas sobre un fondo verde, pero esto dura poco. Las lluvias y el viento devoran los colores, nadie viene a repararlos, y todos, pobres y ricos, santos y pecadores, hombres y mujeres, toman la amarillez uniforme del mármol en el gran abandono de la muerte.

Nadie transita en este bosque bajo de pétreos matorrales que se pierde de vista. De tarde en tarde se columbra en lo más remoto del horizonte el negro hormigueo de un grupo humano. Es un entierro. Bajarán el cadáver a la fosa, plantarán el mojón fúnebre y volverán las espaldas para no acordarse más del lugar donde dejaron los restos del muerto querido, cuya memoria llevan siempre en el pensamiento.

La soledad por todas partes: una soledad absoluta, sin huellas humanas, sin cantos de pájaros, sin estremecimientos de hierba, sin roce de insectos; un silencio de esterilidad y de muerte, como no se encuentra jamás en un paisaje europeo.

Este vacío fúnebre hace que la visita a las grandes murallas sea la única excursión de Constantinopla en la que se recomienda al viajero la necesidad de llevar armas. Cuando se tropieza con seres vivientes, el encuentro es más inquietante que la soledad. En un torreón acampan familias de cíngaros de aspecto salvaje; diez o doce torres más allá, unos cíclopes han instalado su fragua bajo un trozo de cúpula bizantina, pero sus ojos inquietantes de bandido revelan que viven de algo más que de batir el hierro. En las ruinas de los que fueron palados de Paleólogos y Comnenos pululan los más inquietantes ejemplares de la mendicidad oriental: gentes roídas por la miseria y desfiguradas por las más atroces enfermedades; leprosos con media cara devorada por la putrefacción; ciegos que muestran sus órbitas sin globos, rojizas, piltrafosas, rodeadas de zumbantes moscardones; mujeres esqueléticas, comidas de piojos, que enseñan entre los harapos el flácido pellejo de sus pechos.

De hora en hora se ve en las murallas el túnel de una gran puerta. En otros siglos fueron espléndidos arcos de triunfo. Uno de ellos se llamó la Puerta Dorada. Aún quedan en el muro vestigios de águilas imperiales. Hoy nadie entra ni sale por ellas, y su profundo arco, ennegrecido por las hogueras, sirve de refugio a los vagabundos de las más extrañas nacionalidades.

Tristes restos que nada guardan de su pasado son también las famosas Siete Torres, el *Heptapyrgion* de los emperadores griegos. Cuando llegaron los turcos era ya una ruina, y Mohamed el Conquistador lo reedificó, haciendo de él algo semejante a lo que fue la Bastilla para los reyes de Francia. Este castillo, en cuyos restos acampan hoy, como fieras ahuyentadas del trato humano, los mendigos y los vagabundos, era una de las fortalezas más famosas de Europa. Aquí encerraban los sultanes a los embajadores de Europa cuando entraban en guerra con sus naciones. Aquí permanecieron años y años los enviados de Venecia y Génova. Los genízaros, omnipotentes pretorianos de la vieja Turquía, encerraban aquí a los sultanes destronados o los degollaban en el gran patio. Siete sultanes murieron en las Siete Torres, y es incontable el número de grandes visires y pachas cuyas cabezas se pudrieron enganchadas a las escarpias de las almenas. En uno de los patios del antiguo castillo, que es hoy una extensión de malezas limitada por ruinas, está el llamado "Pozo de la sangre", donde se sumían los cuerpos de los decapitados. Otro patio se titulaba la "Plaza de las cabezas", y los cráneos iban apilándose en él después de las ejecuciones, hasta que el lúgubre montón llegaba a la altura de las almenas.

Nos alejamos de las Siete Torres, siguiendo el monótono camino a lo largo de las murallas, siempre entre ruinas y cementerios. Llevamos muchas horas de marcha. El recinto fortificado se extiende como una cinta roja sin fin, subiendo y bajando con las ondulaciones del terreno. Una puerta abandonada recuerda la muerte de Constantino Dragoses, el último emperador de

Bizancio, valeroso e infortunado combatiente, que cayó de los muros y siguió luchando con su hacha de armas hasta desaparecer bajo un montón de cadáveres. Otro lugar evoca la muerte de Eyoub, el santo portaestandarte del Profeta, el compañero de Mohamed el Conquistador, que pereció en el sitio de la ciudad y dio su nombre al barrio del Cuerno de Ojo.

Vamos aproximándonos al término de nuestro viaje. Aparecen en la desolada extensión grupos de habitaciones humanas, y entramos a descansar en el pequeño monasterio de Balouki. En sus criptas surge la fuente milagrosa de Zootocos, cuyas aguas obran prodigios, según los griegos. Es una cisterna bajo cúpula sombría, en cuyo líquido nadan muchos peces rojos.

El monje griego que nos la enseña relata la historia de la prodigiosa fuente, el famoso "milagro de los peces".

En el mismo instante que los turcos entraban por asalto en Constantinopla, un monje de este convento estaba friendo unos pescados. Otro monje, consternado por el suceso, se presentó en la puerta dándole la terrible noticia.

– ¡Bah! –repuso el primero, no admitiendo que Bizancio pudiera ser tomada–. Creeré en eso cuando vea a mis pescados saltar de la sartén.

Y los pescados saltaron, medio rojos y medio negros, pues sólo estaban fritos por un lado, y fueron a refugiarse en el agua de la cisterna, donde nadan aún.

El barbudo monje de ahora nos cuenta esta leyenda, simple hasta la estupidez, con grandes aspavientos dramáticos para demostrar su fe; pero indudablemente cree en ella lo mismo que nosotros.

Después, siguiendo la costumbre, nos hisopea con el agua prodigiosa, a guisa de bendición, y... tiende la mano.

He aquí el verdadero milagro de los peces. Este sí que es indiscutible.

Convertir en monedas las gotas de agua de la santa cisterna.

LA ENTRADA EN EUROPA

¡Adiós, Constantinopla!

En plena noche atravieso por última vez el Gran Puente, sintiendo como caricias amistosas de despedida los estremecimientos y saltos que imprimen al carruaje los tablones de la plataforma. El Cuerno de Oro es una zanja profunda y brumosa, en la que brillan los ojos inflamados de las embarcaciones. Enfrente, el venerable Stambul recorta su silueta negra de cúpulas y minaretes sobre un cielo esfumado en el que brilla pálida la luna menguante. Las luces del Ramadán parecen flotar en el espacio como constelaciones perdidas.

¡Adiós!

Hace más de un mes que vivo en estos lugares a los que nada me une, ni el nacimiento, ni la raza, ni la historia, y sin embargo, la partida es melancólica y penosa.

Cuando se viaja se abandonan las ciudades, por gratas que sean, con un sentimiento de alegría. Es la curiosidad que se despierta de nuevo, el instinto ancestral de cambio y movimiento que llevamos en nosotros como herencia de nuestros remotísimos abuelos, nómadas incansables del mundo prehistórico. ¿Qué habrá más allá? ¿Qué nos espera en la próxima etapa?...

Pero al partir de Constantinopla, este sentimiento alegre y curioso se amortigua y desvanece. Por interesante que sea lo futuro, no llegará a serlo tanto como el presente. La Europa occidental, con sus ciudades cómodas y uniformes, seguramente que no puede borrar el recuerdo de esta aglomeración de razas, lenguas, colores, libertades inauditas y despotismos irresistibles que ofrece la metrópoli del Bósforo.

¡Adiós!... Y a la melancólica despedida se une la incertidumbre del porvenir, la sospecha de que no volveré a contemplar estos lugares amados, de que las circunstancias de mi vida harán que ésta se extinga antes de poder cumplir mi deseo.

Al recuerdo de Constantinopla va unido el del mar de Mármara, con sus aguas tranquilas y verdes, por cuyas transparentes entrañas pasan flotando las medusas como un desfile de paraguas de nácar.

Recuerdo también las poblaciones del Asia Menor que acabo de visitar, Mudania y Brussa, ciudades puramente turcas, donde vive el musulmán sin nada de europeo que desfigure y envilezca su existencia. Algún día hablaré de Brussa, la de la Mezquita Verde, edificada por alarifes de la Andalucía musulmana; Brussa, la de las sedas brillantes como oro, la Granada turca, dormitando al pie del Olimpo de Bitinia, frente a una vega situada a muchos centenares de metros sobre el nivel del mar y eternamente frondosa, lo que hace que los otomanos la llamen con orgullo "Brussa la Verde". Y también hablaré, en una novela, del barrio de Gálata en Constantinopla, el "barrio de los españoles", como lo titula la topografía popular, donde veintiocho mil judíos que se apellidan Salcedo, Cobo, Hernández, Camondo, etc., emplean en el seno de la familia un castellano arcaico, que es la lengua sagrada, el medio de comunicación para librarse de la vigilancia de los enemigos.

– ¡Ah, Espanya! ¡La bella Sión de Occidente! Los míos, los viexos, baxaron de allá.

Los cuentos que entretienen a la familia en las noches de sábado, leyendas de enormes tesoros enterrados, tienen siempre por escenario la lejana España, país fantástico del que hablan los patriarcas a los niños con grave misterio, como hablamos nosotros de Bagdad, la de *Las mil y una noches*. Y en las fiestas israelitas, las viejas descuelgan los panderos y entonan con sus bocas desdentadas villancicos del siglo XV aprendidos por sus abuelas en Toledo, que fue como el París del mundo judío.

Abandono Constantinopla después de pasar por las innumerables ceremonias del pasaporte, que son aquí tan precisas para salir del país como para entrar.

www.casimirolibros.es